「観察力×表現力」を鍛える
100のレッスン

小倉仁志
OGURA HITOSHI

日本経済新聞出版

はじめに

「電源を切ってくれ」

自分の伝えたいことがきちんと相手に伝わっているだろうか。表現がちょっと足りないだけでも、相手の解釈は変わってしまうのである。

ある電気工事の現場での話だ。

監督が若い作業員に「電源を切ってくれ」と頼んだところ、その作業員は、電源につながっている配線部分を切断してしまった。

監督が伝えたかったのは、「電源を落としてほしい」ということだった。そのために、電源の入切の「切」という言葉を使って「切ってくれ」と言ったのだが、若い作業員は線を「切る」のだと解釈し、配線を切断してしまったのだ。

相手に伝えたいことは、今の「状態」だったり、自分がやった「行為」あるいは相手にやってもらいたい「行為」だったり、自分なりの「判断」だったり、今の「感覚」だったり、いろいろな要素がある。

特に「状態」や「行為」を、相手にイメージ通り伝えるためには、「表現」の良し悪しが

はじめに

カギを握る。表現が雑だったり、誤った解釈を引き起こしやすい表現だったりすると、相手には伝わらない。齟齬（そご）のないコミュニケーションをとるためには、「表現力」が欠かせないのである。

「観察力」の高い人は「表現力」も高い

筆者の経験上、「観察力」に優れている人は、「状態」や「行為」を的確に表現する力、すなわち「表現力」の高い人が少なくない。言い方を換えれば、「表現力」の高い人は、物事の捉え方がしっかりしている。一方、はっきり言えば、「観察」が雑な人は、「表現」も雑だ。

面白いのは、「観察力」を上げると「表現力」が上がり、逆に「表現力」を磨くと「観察力」が上がること。

野球の試合で、ピッチャーの投球をただぼんやりと眺めている人には「ピッチャーがキャッチャーに向かってボールを投げている」としか見えないが、投球をよく観察している人からは、カーブやスライダー、フォークといった投球の種類の言葉が出てくる。そういった言葉と意味を知ると、それまで野球をあまり見たことのなかった人たちでもピッチャーの投球をしっかり観察したくなる。

モノを見るときも同じだ。椅子の脚が折れているのを見た太郎さんは電話で「椅子の脚が折れている」と、一郎さんに伝えてきた。すると一郎さんは、すかさず「椅子の脚のどこが折れたの？」と、電話越しに質問する。太郎さんは、改めて椅子の脚を観察し、「脚の根元が折れた」と答えた。一郎さんはさらに「脚の根元が折れているのは、何本なの？」と問いかけた。それに対し、太郎さんは「椅子の脚の1本が根元から折れている」と、きちんと答えた。

目の前にあっても、人は見ているようでしっかり見ていない。

人の姿勢を漠然と見ている人は「不安定な姿勢」と表現するが、しっかり観察している人は、「1本の足だけで体を支えている」と表現する。

人は「観察」したことしか「表現」できない

ボーッと見ている人は、ボーッとした表現、しっかり観察している人はしっかりとした表現で、人に伝えようとする。

このように、「観察」と「表現」は表裏一体の関係にある。

本書は、私たちが普段何気なしに見ているモノや状態を、言葉でしっかり捉えることで読者の「観察力」を高めると同時に、「表現力」を高めることを目的とした書籍である。

見たものを時間をかけて表現するようでは、実際のコミュニケーションでは使えない。

見たものを瞬時に捉えて、的確に表現できるようになること。
これこそが「観察力」と「表現力」を磨く出発点になる。
では、左ページの絵を見て、瞬間的にあなたはどのように表現するだろうか。

「鍵が回らない！」
これでは正確に伝わらず、相手は状況を理解できないはずだ。
正解は、
「部屋のドアの鍵穴に差し込んだ鍵を回そうとするが、全く回らない」
ここでもし、鍵穴の奥まで鍵を差し込んだことが確実であるならば、
「部屋のドアの鍵穴の奥まで鍵を差し込んだにもかかわらず、全く回らない」
となる。
鍵が回らない状態に、鍵が鍵穴に差し込まれた状態、あるいは鍵穴の奥まで差し込まれた状態といった背景を併せて表現しなければならない。そして、できれば「回らない」状態を正確に表現するために、「全く回らない」としたい。

自分の見ている状態と同じ絵が相手に浮かぶか？

おかしい？
ガチャ
ガチャ

相手に何を伝えるかによって、どこまで的確に状態を捉えなければならないかが決まる。しかし同時に、自分はこれを伝えたいと思っていても、相手は周りの状況も含めてもう少し的確に表現してもらわないとよくわからない、といったことはよくある話だ。

自分が見たままの状態を相手に伝えるには、自分の見ている状態と同じ絵が相手の頭に浮かぶように表現しなければならない。

デジタルカメラ（デジカメ）やスマートフォン（スマホ）がなかった時代は、対象となる機械や製品の絵を描いて、人に説明し、報告書を書いていた。絵は、モノをよく見ないと描けなかった。

しかし時代が進み、デジカメやスマホが普及すると、それらで撮った写真で説明したり、撮った写真を報告書に貼り付けたりした方が効率が良いことから、仕事で絵を描くことがほとんどなくなった。

その結果、人々のモノを観察する力と絵を描く力が、以前に比べてはるかに劣ってしまった。

同じようなことが、今度はＡＩ（人工知能）の普及で起きようとしている。

例えば今、相手に伝わる文を書こうとすれば、相手に誤解を与えないよう試行錯誤するはずだ。相手に的確に伝わる文を書くためには、今の状況や状態を的確に表現できなければならない。

しかし今後、ＡＩが普及すると、そうした試行錯誤はなくなっていくだろう。その結果、表現する力が劣っていくとともに、モノを観察し、的確に捉える力も衰退していく。同時に、考える力も徐々にだが低下していくことになる。

そうならないためには、日ごろから観察力と表現力を維持・向上させていくことが欠かせないのである。

そしてもう１つ大事なことがある。私たちは言葉からいろいろなものをイメージするということだ。言葉の使い方、選び方を１つ間違えただけで、イメージはいろいろな方向に拡がったり、違った方向に向かったりしてしまう。だから特に、論理的に考えていく場合には、言葉の正確性が重要になる。つまり、「表現力」を高めることは「論理力」を高めることにもつながっていくのだ。

「観察力」「表現力」「論理力」――この３つは、人として身につけておきたいスキルとしてとても大事なものだと考えている。

「観察力」「表現力」「論理力」は三位一体

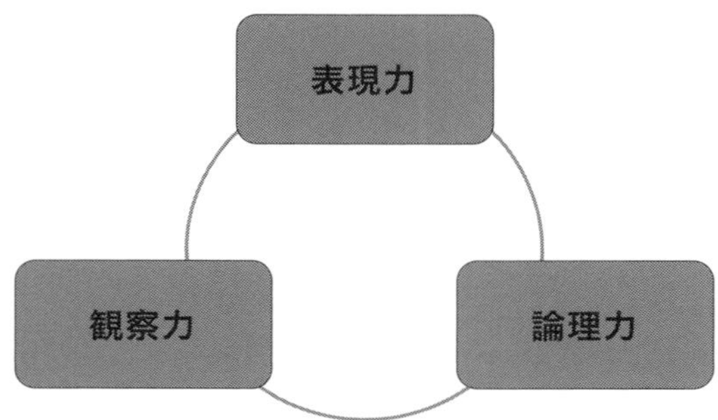

目次

1

動きを伝える

目の前の様子を文だけで相手に伝えられるか。ここでは、絵を見て、言葉だけで絵の内容や状況を相手に伝えるとするなら、どのような表現になるかを考えてみよう。

絵解き

01

動き
（表現の主体を決める・替える①）

次の絵を見て、相手にその様子が伝わるように言葉（文）で表現してみよう。

「ミカンが取れない」

これは、次郎さんの視点からの表現だ。次郎さん自身が表現するのと、次郎さんを見ている人が表現するのでは、その内容は当然、異なる。

相手にも絵が伝わるように表現するということは、次郎さんとしてではなく、次郎さんを見ている人として表現しなければならない。

まず、次郎さんを含めたいくつかの状態を書き出してみると、

「次郎さんは背伸びをしている」

「次郎さんは手を伸ばして木に実っているミカンを取ろうとしている」

「伸ばした手がミカンに届いていない」

となる。これを一文にすると、次のようになる。

「次郎さんは、背伸びをして木に実っているミカンを取ろうとしているが、伸ばした手がミカンに届いていない」

見る視点によって表現のしかたが異なることを忘れてはならない。もし、人ではなくミカンを主体にしたい場合は、

「次郎さんが背伸びをしても届かない位置にミカンがなっている」

となる。

絵解き

02

動き

（表現の主体を決める・替える②）

次の絵はどう表現すればよいだろうか。

「バトンが手渡された」

言うまでもなく、言葉が足りない。よって、不合格。

何が足りないかというと、「誰から誰へ」が足りない。この場合、「次郎さんから五郎さんへ」を付け加えて、

「次郎さんから次の走者である五郎さんへバトンが手渡された」

となる。

この絵の場合、次郎さん、五郎さん、バトンの3つの主体があることにも注目したい。それぞれを主体として表現すると、どうなるか。

「次郎さんは五郎さんにバトンを手渡した」

「五郎さんは次郎さんからバトンを手渡された」

「バトンは次郎さんから五郎さんに手渡された」

どの主体を選ぶかは、誰の、あるいは何の視点から表現した方がよいか、またはどの視点から表現したいかによる。

絵解き

03

動き

（表現の主体を決める・替える③）

誰を主体にして表現するかは、相手に伝えたい内容によって決まる。次の絵について、あなたは何をどのように伝えるだろうか。

「缶ジュースを取られた」

これでは、状態の一部しか表現していない。正確に表現するには、まず主体を決めることが大事だ。

この場合、2人いるので、主体を太郎さんに置くか、あるいは次郎さんに置くかだ。そして、「缶ジュースを取られた」は、太郎さんに主体を置いた表現になる。誰かに伝えるために太郎さんを主体にして表現すると、次のようになる。

「太郎さんは取ろうとしていたテーブルの上の缶ジュースを次郎さんに取られた」

一方、次郎さんを主体とすると、

「次郎さんはテーブルの上の缶ジュースを太郎さんより先に取った」

となる。

2人以上いる場合は、誰を主体に置くかを決めてから表現することが重要だ。

誰を主体とするかは、誰の視点で表現するかということだ。すなわち、主体は、誰の視点から、あるいはどの視点から表現したいかによって決まる。

絵解き

04

動き

（表現の主体を決める・替える④）

ではこの絵では、どちらの主体にスポットを当てて表現するか。

「鳥が魚を狙っている」

鳥が魚を狙っているのはわかるが、これではそれぞれの動きが表現されておらず、絵の状況は相手に伝わらない。

そこでまず、それぞれの動きを書き出すと、次の通りだ。

「鳥は魚をめがけて急降下している」

「魚は湖の水面下を泳いでいる」

このことから、鳥を主体として表現すると、

「鳥が湖の水面下の魚をめがけて急降下している」

となる。

一方、魚を主体として表現すると、

「湖の水面下を泳ぐ魚は、自分をめがけて急降下している鳥に気づいていない」

になる。

対象が2つある場合は、どちらを主体とするかを決めて、互いの動きを表現するとよい。

絵解き

05

動き

（表現の主体を決める・替える⑤）

主体がはっきりするように表現することはとても重要だ。次の絵を見てほしい。

「犬に追いかけられている」

よく見かける主語なし表現だ。これはもちろん不合格。だからといって、単純に主語を加えればよいというものでもない。

この絵の場合、太郎さんと犬のどちらを主体とするかによっても変わってくるのだ。

太郎さんを主体として表現する場合は、太郎さんを主語にする。

「太郎さんは犬に追いかけられている」

一方、犬を主体として表現する場合は、犬を主語にする。

「犬が太郎さんを追いかけている」

主語を加えるということは、主語となるものを主体として表現することになる。複数のものを表現する場合、複数のうちどれに主体を置いて表現するかを考えて表現しなければならない。

よくあるのは、どこに主体を置くかをあまり考えずに、「誤った商品を送った」と表現してしまうケースだ。この場合、主語を加えて主体をはっきりさせ、人を主体とするなら「担当者が誤った商品を送った」と表現するか、モノを主体とするなら「誤った商品が送られた」としなければならない。

絵解き

06

動き

(表現の主体を決める・替える⑥)

では、次のような課題はどうだろうか。四角で囲まれた部分において、人を主体とした場合とコーヒーを主体とした場合、それぞれを表現してみよう。

人を主体　⇓　「ミルクを混ぜる」
コーヒーを主体　⇓　「ミルクが混ざる」

人を主体として表現すると「混ぜる」になり、コーヒーを主体として表現すると「混ざる」になる。

つまり、主体を替えることで表現が変わる。右の表現を、もっと丁寧に表現すると、

人を主体　⇓　「コーヒーに注がれたミルクをスプーンでかき混ぜる」
コーヒーを主体　⇓　「コーヒーに注がれたミルクが、コーヒーに混ざる」

となる。

人に頼みごとをしたり、教えたりするときは、人を主体とした「コーヒーに注がれたミルクをスプーンでかき混ぜる」になり、人の「行為」を伝える。

一方、ある時点の「状態」を伝えるときは、「コーヒーに注がれたミルクが、コーヒーに混ざる（混ざった）」となり、コーヒーを主体とした表現になる。

主体をどちらにするかは、伝えたいのが「行為」なのか、「状態」なのかで決まる。

絵解き

07

動き

(表現の主体を決める・替える⑦)

どんな動きかを表現するとき、そのスピードも意識したいところだ。次の絵からどんな言葉が浮かぶだろうか。

「ピッチャーはボールを投げた」

これではピッチャーとボールしか表現していない。よって不合格。

絵でわかることは、まず2つ。

「ピッチャーとキャッチャーがいる」

「ピッチャーが投げたボールは、キャッチャーの構えたミットの位置に正確に向かっていった」

このことから、主体をピッチャーに置いて相手に絵が伝わるように表現すると、

「ピッチャーは、キャッチャーの構えたミットに正確に届くよう、ボールを投げた」

になる。

さらに、ボールのスピードの強弱を加えると、よりリアルになる。

「ピッチャーは、キャッチャーの構えたミットに届くよう、勢いよくボールを投げた」

今度は主体をピッチャーからキャッチャー、あるいはボールに置き換えてみよう。

「キャッチャーは、ピッチャーの勢いよく投げたボールが届く位置にミットを構えた」

「ピッチャーの勢いよく投げたボールが、キャッチャーの構えたミットに向かっていった」

このように、主体を替えるだけでなく、動きの強弱やスピードをうまく表現することで、伝える力はアップする。

絵解き

08

動き

（組み合わせて表現する①）

次も２つの主体の組み合わせである。どのように表現できるだろうか。

「手でボールを取ろうとしている」

これでは、どんな所でどんな姿勢でボールを取ろうとしているのかがわからない。

まず絵からはっきりすることを書き出してみよう。

「一郎さんが取ろうとしているボールは車の真下にある」

「一郎さんは地面に膝をついて、前屈みの姿勢で手を伸ばしている」

これを、一郎さんを主体として表現すると次のようになる。

「一郎さんは車の真下にあるボールを取ろうとしている」

さらに、一郎さんの姿勢を加えると、

「一郎さんは、車のすぐそばで地面に膝をつき、前屈みになって車の下に手を伸ばし、そこにあるボールを取ろうとしている」

今度は一郎さんではなく、ボールを主体とすると、状況は次のように説明できる。

「車の真下にボールがある」

これに、一郎さんの姿勢を組み合わせると、

「一郎さんが車のすぐそばで地面に膝をつき、前屈みになって車の真下に手を伸ばした先に、ボールがある」

となる。

絵解き

09

動き

(組み合わせて表現する②)

次の絵はどうだろうか。

「お相撲さんが五郎さんを押しつぶしている」

これでは、絵のイメージは相手に伝わらない。かといって、2人の姿勢をいっぺんに表現しようとすると難しくなる。

そこでまず、お相撲さんと五郎さんの姿勢を、それぞれ分けて表現してみる。

「お相撲さんは五郎さんの背中に乗っている」

「五郎さんはうつぶせになっている」

それぞれを組み合わせると、

「お相撲さんはうつぶせになっている五郎さんの背中に乗っている」

となる。

このように、いっぺんに表現するのが難しいと感じた場合は、一旦分けて表現してみるとよい。そして、分けて表現ができたら、それらを組み合わせる。

登場する人やモノを、それぞれ分けて表現してから組み合わせることで、相手にイメージが伝わる表現になる。

絵解き

10

動き
（組み合わせて表現する③）

この絵はどう表現すればよいだろうか。

「アリが列から離れた」

もう少し丁寧に表現しないと、相手に絵のイメージは伝わらない。

これまでと同様に、それぞれの動きを整理してみよう。

「列から離れたアリは1匹である」

「離れたアリは、列の方向に対して、右斜めに向かっている」

「アリは列からどんどん離れていく」

これらを組み合わせて表現すると、

「1匹のアリが、列の向かっている方向に対し、右斜めにどんどん離れていく」

となる。

モノの動きを表現するときには、モノの数量やそれぞれの動き方、動く方向、距離、速度を瞬時に見極め、それらを組み合わせて表現することが求められる。動き方や方向、距離、速度は、モノの動きをもとに何か考えるときの重要なキーワードになるからだ。

「犬は飼い主の方に向かった」のような表現でも、同じように重要なキーワードを組み合わせると、「犬が飼い主の方にまっしぐらに駆け寄った」となる。

絵解き

11

動き

（時点の状態をしっかり捉える①）

もう少し動きのある絵で考えてみよう。

まず一郎さんに注目してみると、

「一郎さんは転んだ」

となるが、「転んだ」をもっと正確に表現したい。

「転んだ」を正確に表現すると、「しりもちをついた」となる。同じ転ぶでも、前向きに転ぶのと、後ろ向きに転ぶのとでは異なるからだ。さらに、どの時点で「しりもちをついた」のかの表現も加えたい。すると、次のようになる。

「大根が抜けた直後に、一郎さんはしりもちをついた」

さらに、力のかかり方を加えて、

「大根が抜けた直後に、（大根の抜けたときの）その反動で、一郎さんはしりもちをついた」

となる。

動きを表現するときは、前述の数量や動き方、動く方向、距離、速度といったものだけでなく、時点や力の方向、力のかかり方もポイントになる

例えば「ボタンスイッチを押す」は、「ボタンスイッチを真上から強く押す」といった表現になる。

絵解き

12

動き

（時点の状態をしっかり捉える②）

この絵の状況はどのように表現できるだろうか。

「太郎さんは振り向いた」

何となく文学的なにおいもするが、太郎さんの動作だけしか表現していないので、これでは中途半端だ。ではどうすればよいのか。太郎さんの振り向いた方向をきちんと表現することだ。そうすれば、状況が相手にしっかり伝わる。

「太郎さんの背後にある草むらで『ガサッ、ガサッ』と音がしている」

「音がした方向に顔を向けている」

これらを踏まえて表現すると、こうなる。

「太郎さんは、背後にある草むらの音のする方へ顔を向けた」

ただしこれは、ある一時点を表したものだ。

ほかの表現もある。太郎さんが顔を向けた理由を先に述べた後、太郎さんの動作を表現するのである。

「背後にある草むらで音がしたので、太郎さんは草むらの方へ顔を向けた」

こうすることで、時間の経過を相手に伝えることができる。

一時点を捉えて表現するか、時間の流れを表現するかで、表現は異なる。

絵解き

13

動き

(時間の流れを意識する:コマ送り表現①)

動きを表現するとき、時間の流れも意識してみる必要がある。次の絵について、あなたはどのように表現するだろうか。

「ガラスにボールを当てた」

まさに自分がやりましたと言わんばかりに、こう表現する人がいるが、これでは絵の一部を表しているにすぎない。

絵の内容を正しく相手に伝えたいならば、時間の流れに沿って表現する必要がある。この絵を時間で区切ると、次のような状況が表現できる。

「太郎さんがボールを蹴った」

「蹴ったボールが壁でバウンドした」

「バウンドしたボールが壁の向かい側のガラスの方向に飛んだ」

「ボールがガラスに当たった」

「ガラスが割れた」

右記の一連の流れを表現するのであれば、

「太郎さんが蹴ったボールが壁でバウンドして、壁の向かい側のガラスに当たり、ガラスが割れた」

となる。

ただし、一時点を捉えて、最後の結果（状態）のみを表現するならば、**「ガラスが割れた」**になる。

14

動き

(時間の流れを意識する:コマ送り表現②)

次の絵を見てみよう。

「油が服についた」

最後の結果だけを相手に伝えるのであれば、これでも伝わるが、これでは何をやっていてどの時点でどのように油がついたのか、さっぱりわからない。

時間に則って、丁寧に表現することが求められる。そこで、時間順に書き出してみよう。

「フライパンで野菜を炒めていた」

「フライパンの油が自分の方に飛んだ」

「油が服についた」

このとき、まるでビデオのコマ送りを見ているように書き出すのがコツだ。

そして、これらを時間順につなげて表現すると、

「フライパンで野菜を炒めているときに、フライパンから油が飛んで、自分の服についた」

となる。

相手に伝える場合は、最後の結果だけでなく、まさにビデオをコマ送りしているように、時間順に表現しないと伝わらない。以降では、このことをコマ送り表現として説明する。

絵解き

15

動き

（時間の流れを意識する：コマ送り表現③）

次も、時間の流れを意識して表現するケースだ。

ここで、カエルの一瞬の動きだけに着目してしまうと、

「カエルが飛び跳ねた」

となり、これでは、ヘビの存在は表現されず、状況が全く伝わらない。

2つ以上のモノが関わる動きを伝えるには、時間の流れを意識し、まるでビデオをコマ送りするように表現する「コマ送り表現」がよい。

コマ送りすると、

「ヘビはカエルに食いつこうとした」

「カエルはヘビに食いつかれる寸前に飛び跳ねて逃げた」

になる。

そして、この2つの文を組み合わせると、次のようになる。

「ヘビはカエルに食いつこうとしたが、カエルはヘビに食いつかれる寸前に飛び跳ねて逃げた」

それぞれの動きを捉えて、ビデオのコマ送りを意識して組み合わせる。

これで、ヘビとカエルそれぞれの動きがどのように関わっているのか伝えることができる。

時間を細かく切り分けて、動きの順番で表現する。これがコマ送り表現だ。

絵解き

16

動き

（時間の流れを意識する：コマ送り表現④）

次も同じようなケースだ。

「ズボンに水がかかった」

これでは、ズボンの状態しか相手に伝わらない。

絵からわかることを書き出してみよう。

「歩行中の次郎さんのすぐ脇を車が通過した」

「車は水たまりを通過した」

「車が水たまりを通過した瞬間、水たまりの水が次郎さんの方にはねた」

「はねた水が次郎さんのズボンにかかった」

これらを組み合わせると、

「歩行中の次郎さんのすぐ脇を通過した車が水たまりの水をはねて、その水が次郎さんのズボンにかかった」

となる。

右の表現は、「車」「水」「次郎さん」の三者の関係をコマ送り表現で表したものだ。

ここで、ズボンにかかった「水」を主体にして表現すると、

「車のはねた水たまりの水が、歩行中の次郎さんのズボンにかかった」

となる。

動きを表現する際には、コマ送り表現でいくか、あるいは動きのあるもの1つに主体を置

いて表現する。

ここで、コマ送り表現をおさらいしよう。コマ送り表現とは、時間の経過に沿って、まるでビデオのコマを1つずつ送っていくように表現することを指す。事例をもとに説明しよう。

「太郎さんが転んだ」

これは、ビデオの1コマ分であり、最後の1コマを表現したものだ。ビデオの最後の1コマだけを相手に伝えても、状況はしっかり伝わらない。

そこで、「転んだ」に至るまでを、時間の経過に沿って1コマずつ見ていくと、

「道を歩いている太郎さんの前方に石がころがっていた」
「太郎さんは石につまずいた」
「太郎さんはバランスを崩した」
「太郎さんは、前向きに転んだ」

になる。

これらを、1つの文で表現すると、

「道を歩いていた太郎さんは、ころがっていた石につまずき、バランスを崩して、前向きに転んだ」

となる。

これが「コマ送り表現」だ。相手に伝わるように表現するには、最後のコマの「太郎さんは転んだ」だけを表現するのではなく、最後のコマに至るところまで、時間の流れに沿って1コマずつ表現するとよい。

この「コマ送り表現」で大事なのは、決してコマを飛ばさないこと。例えば、左の表現は、コマが飛んでいる。

「板の裏側に釘の先端が出ていて、太郎さんの右手に釘が刺さった」

これでは、板に釘が刺さっていたことはわかるが、どのようにして釘が手に刺さったのか、さっぱりわからない。そこで、

「釘の先端が出ているところに手を入れた」
「板を持ち上げようとした」

の2コマを加えて、

「太郎さんは板の裏側の釘の先端が出ているところに手を入れて、板を持ち上げようとしてしまい、釘が右手に刺さった」

とする。

コマ送り表現では、コマを飛ばさず、1コマずつ丁寧にたどりながら表現していくことが大事だ。

絵解き

17

動き

(動きと位置を正確に表現する①)

次の絵はどうだろうか。

「ジュース缶を取ろうとしている」

絵に描かれた人の行為を表現したいのであれば、これでは足りない。重要なのは、どのような状況においてどのような姿勢でジュース缶を取ろうとしているのかだ。

この絵から表現しなければならない五郎さんの姿勢を書き出すと、次のようになる。

「テーブルを前にして椅子に座っている」

「手を精いっぱい伸ばしている」

また、ジュース缶の置かれている位置も表現に加えなければならない。

五郎さんの姿勢とジュース缶の位置を入れて表現すると、次のようになる。

「五郎さんは椅子に座ったまま手を精いっぱい伸ばして、テーブルの奥に立てて置かれているジュース缶を取ろうとしている」

右は、五郎さんの行為を表現しているが、姿勢を強調するのであれば、次のようになる。

「五郎さんは、テーブルの奥に立てて置かれているジュース缶を取ろうと、椅子に座ったまま手を精いっぱい伸ばしている」

人の姿勢を表現するものとして、「不安定な姿勢」や「無理な姿勢」といった表現を目にすることが多い。しかしそれでは、どんな姿勢なのか全く伝わらない。「つま先立ちで」「体を乗り出して」「のけぞって」といった具体的な言葉を使って表現することが大事だ。

絵解き

18

動き

(動きと位置を正確に表現する②)

次はどうだろうか。

「太郎さんは、足を踏み外した」

これでは、合格点はもらえない。「どこで？」がないからである。

だからといって、「どこで？」を付け加えて、

「太郎さんは、階段で足を踏み外した」

としたとしても、合格点はもらえない。

「階段で」といっても、階段の一段目なのか、途中の段なのか、最上段なのかが不明だからである。

「太郎さんは、階段の一段目で足を踏み外した」

ここまで書ければ、相手にも同じ絵柄が浮かぶ。ようやく合格点と言える。

自分の見たことを言葉だけで伝える場合には、モノの部位まで正確に捉えて表現することが求められるのである。

「足をぶつけた」「手を切った」などと、誰かが痛がっているのを目にしたことはないだろうか。その第一声のほとんどが、どこでそうなったのかが抜けている。まずは、手や足など体のどこに問題があるのかを相手に伝えたいからそうなってしまうのだが、落ち着いて観察できるのであれば、部位までしっかり表現したいところだ。

絵解き

19

動き

(動きと方向を正確に表現する)

次の絵で、ウサギの状態はどのように表現できるだろうか。

「ウサギが飛び跳ねている」

この表現では、ウサギが跳んでいることしか伝わらない。

絵に描かれたウサギの動きを伝えるのであれば、ウサギが飛び跳ねた軌跡、ウサギの向かっている方向などを表現したい。

絵からわかることは次の2つ。

「ウサギは野原をジグザグに飛び跳ねていった」

「ウサギは木々が生えている方向に向かっていった」

このことから、

「ウサギは木々の生えている方に向かって、野原をジグザグに飛び跳ねていった」

となる。

動きを表すには、

・動き方

・方向

をしっかり表現したい。

絵解き

20

動き

(動きに則って表現する①)

次は、モノの動きに則って表現したい絵である。

「ゴミがゴミ箱に入らなかった」

これでは結果はわかるが、相手には絵は浮かばない。絵が浮かぶように表現するためには、モノの動きをしっかり押さえなければならない。

「ゴミ箱の真上からゴミを落とした」
「ゴミがゴミ箱の縁に当たった」
「ゴミがゴミ箱に入らなかった」

ゴミの動きを単純にすると、「落とす（落とされる）」「当たる」「入らない」となる。

これら3つを表現に入れてみるとどうだろうか。3つの状態を一文で表現すると、

「ゴミ箱の真上から落としたゴミが、ゴミ箱の縁に当たってゴミ箱に入らなかった」

となる。また、3つを一文で表現するのが難しければ、

「ゴミ箱の真上から落としたゴミが、ゴミ箱の縁に当たった」
「ゴミ箱の縁に当たったゴミが、ゴミ箱に入らなかった」

と、ビデオのコマ送りのように分けて表現するのもよい。

大事なのは、まずは目の前にあるいくつかの状態を瞬時に見極めること。そして、それらを見極めたうえで、表現を考えることだ。

絵解き

21

動き

（動きに則って表現する②）

次も、モノの動きに則って表現してみる練習になる。

「カラスが太郎さんに糞を落とした」

これでもわからなくはない。ただ、カラスと太郎さん、それぞれの状態と位置をもう少し丁寧に表現したいところだ。絵からわかることはほかに何があるだろうか。

「カラスは電線にとまっている」
「カラスの真下に太郎さんが立っている」
「カラスは太郎さんの頭の上へ糞を落とした」

これらを組み合わせて表現を考えると、

「電線にとまっているカラスが、真下に立っていた太郎さんの頭の上に糞を落とした」

となる。

このように、モノの動き（ここでいうモノとはカラスの糞）に則って表現すると、うまくまとまることがわかる。

電線にとまっているカラスの糞は上から下に落ちていく。最初に上、つまり電線にとまっているカラスを先に、次に太郎さんの位置を表現し、モノである糞の動きを表現するのである。

絵解き

22

動き

（動きの元まで表現する）

動きの元になっているモノを表現に加えていくことも重要だ。次の絵はどう表現できるだろうか。

「吹き流しがなびいている」
「なびく」という表現は正しいが、これでは不合格。
せめて、
どのようになびいているのかを加えて、
「吹き流しが真横になびいている」
としたい。
しかしできれば、もっと今の状態をしっかりと相手に伝えたい。その場合は、吹き流しの動きの元になっている風の表現を加える。吹き流しが真横になびくのは、かなりの強い風が吹いている証拠。なので、
「強い風で吹き流しが真横になびいている」
と表現したい。
右は、吹き流しを主体として置いた場合の表現だが、風に主体を置いて、風が強いことを伝えたいのであれば、
「吹き流しが真横になびくほどの強い風が吹いている」
となる。

絵解き

23

動き

（動きの違いを表現する）

次の夏休みの絵日記の１ページのような絵。あなたはどのように伝えるだろうか。

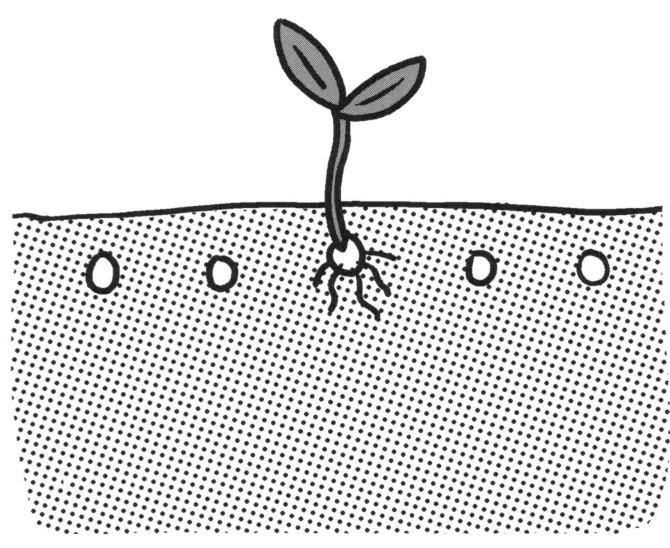

「芽が出た」

これでは、芽が出た1つのタネのことしか表現していない。タネは全部で5つあることから、違いも含めて表現したい。つまり、タネの1つは発芽したが、ほかの4つは芽が出ていない。

このことから、

「5つのタネのうち、1つのタネから芽が出た」

とする。

もちろん、全てのタネが発芽したのであれば、「5つのタネ全てから芽が出た」となる。

1つのモノだけを見て表現するのでなく、全部を見て同類のモノとの違いを含めて表現することで、より正確に相手に伝えることができる。

このことは、同じ種類のモノ全てが同じように動いているのか、それとも違う動きをしているモノがあるのか、しっかり伝えるときに特に重要になる。

絵解き

24

動き

（動きに形容詞をつける）

動きに形容詞をつける場合に注意すべきことがある。次の絵は、どんな表現ができるだろうか。

「太郎さんは走るのが速い」

言葉足らずであるのは言うまでもない。

太郎さんは走るのが速いことには違いないが、その場にいない人には、どう速いのか、何に対して速いのかをしっかり表現しないとその状態は伝わらない。

「速い」「大きい」「強い」、どれも形容詞で、相対関係を表現するときに使う。相対するものがあってこそ、太郎さんは「速い」となる。太郎さんより走るのが速い次郎さんと走った場合には、太郎さんは遅くなる。

今回、太郎さんと相対するのは一郎さんだ。この相対関係をはっきりさせて表現すると、次のようになる。

「太郎さんは一郎さんより走るのが速い」

形容詞を使う場合には、相対するものを加えて、「〜に対して」と表現しなければならないのである。私も子供のころ「新幹線は速い」と、走っている車の中から見た光景を表現していたが、これを改め、「自分の車と比べて新幹線は速い」とした方がよいということだ。

絵解き

25

動き
（臆測は入れてはいけない①）

今度は、動き以外の要素にも着目して考えてほしい。箱の中味は外側から見えないものとする。

「一郎さんはヘビを取ろうとしている」

「ヘビは一郎さんの右手に食いつこうとしている」

右の表現はどちらも臆測にすぎず、絵の状態を捉えているとは言えない。

一郎さんは箱の中に生きたヘビがいることに気づいているのだろうか。ここから始めてほしい。箱の中に何が入っているかまだわかっていないならば、絵でわかることは次の2つだ。

「箱の中には生きたヘビがいる」

「一郎さんは箱の中に右手を入れようとしている」

この2つを合わせて表現すると、

「生きたヘビがいる箱に、一郎さんは右手を入れようとしている」

となる。

人は年をとればとるほど、自分の臆測を入れて物事を表現してしまいがちだ。臆測を入れて表現すると、何が事実で、何が臆測なのかがわからなくなり、その結果、自分の考えや判断までをも誤ってしまうことになりかねない。

相手も自分も判断を誤らないようにするために、目の前に映る人の行為やモノの状態を表現する場合には、臆測を入れずに現時点でわかっていることだけを表現することを肝に銘じてほしい。

絵解き

26

動き
（臆測は入れてはいけない②）

次はどうだろうか。

「落ちた」

ここまでひどい表現をする人はいないとは思うが、もちろんこれでは不合格。主体はないし、どこからどこへ転落したのか、何もわからない。

では、次ならどうか。

「滑って落ちた」

これでも不合格だ。

主体は一郎さんで、屋根から地面へ落ちたのだが、絵だけでは、滑って落ちたのか、よろけて落ちたのか、原因は不明である。不明である部分を勝手な想像で加えてはいけない。

事実だけを表現すると、

「一郎さんは、屋根から地面へ落ちた」

となる。

もし、どの時点で転落したのかがわかっている場合は、

「一郎さんは〇〇時点で、屋根から地面へ落ちた」

になる。

絵解き

27

動き
（意思を入れて表現する）

行動に意思の有無を加えて表現することも、伝えるうえでは重要だ。次の絵はどうだろうか。

「猫に光を当てる」

次郎さんの行動を表現したものだが、できれば次郎さんの意思を踏まえて表現すると、なおよい。つまり、次郎さんは猫がいることをわかっていて、ライトを猫に向けたのか、それとも、たまたまライトを向けたら猫がいたのかということだ。

猫がいるとわかっていて、ライトを向けたのであれば、

「次郎さんは草むらにいる猫に向けて、ライトを当てた」

になる。

一方、次郎さんがライトを向けた方向に、たまたま猫がいた場合は、

「次郎さんがライトを向けた先に、たまたま猫がいた」

になる。

ほかの例で考えると、行為に意思があった場合は、「次郎さんは柱に体をぶつけた」になり、意思がなかった場合は、「次郎さんの体が柱にぶつかった」といった表現になる。意思の有り無しで、表現が変わるのである。

2

感覚を伝える

音や振動のように、目に見えないものを相手に正確に伝えることは簡単ではない。
以下の絵を見て、その状況を言葉だけで相手に伝えるとするなら、どのような表現になるか考えてみよう。

28

感覚

（音を的確に表現する①）

次の絵の状況を、あなたはどのように伝えることができるだろうか。

音にもいろいろある。だから、

「音がする」

という表現だけでも、何らかの音が聞こえることは相手に伝わるが、受け取った相手はどんな音がするのかはまったく見当もつかない。よって、これでは不合格。

例えばあなたが、音がすることを相手に伝えて、対処方法を聞き出したいのであれば、

・どんなときに音が出るのか?
・音のする部位、方向は?
・どんな種類の音なのか?（こすれる音、たたく音、ひっかく音、（液体の）流れる音、はぜる音、脈打つような音、ギーギー、シュルシュル、ザーザーなど）
・音の強弱は?
・音は継続するのか、途切れるのか?
・音の頻度、周期は?

までを伝えなければならない。右の項目を加えて表現すると、

「箱の中からシューシューした音が、強弱を繰り返しながら連続して聞こえてくる」

「何かをたたくような音が、時々南の方から聞こえてくる」

といった表現になる。

絵解き

29

感覚

（音を的確に表現する②）

では、次の絵について、①、②のそれぞれを表現するとどうなるだろうか。

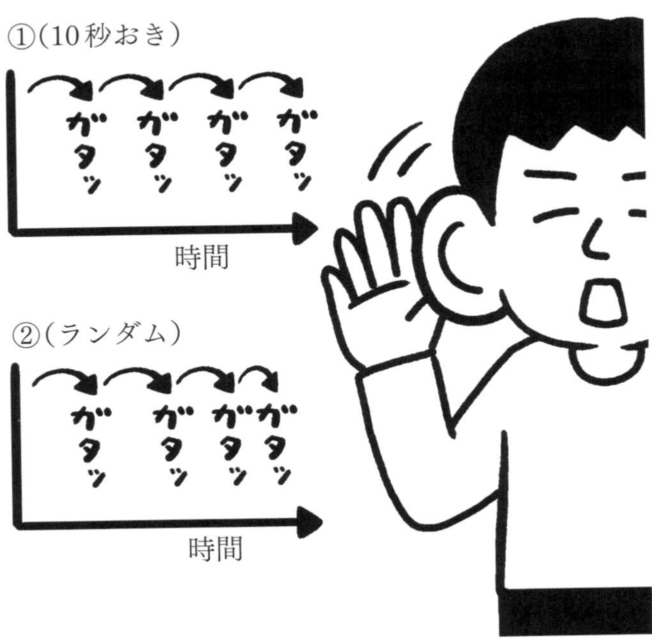

「音がする」

これでは答えにならないことはもうおわかりだろう。

音を表現する場合、音の種類だけでなく、音の出方まで表現したい。

この絵では、①は10秒おきに音がしている。つまり、周期的に音が出ていることを意味する。

一方、②は音の出方はバラバラだ。これはランダムに音がすることを意味する。

よって、

①「『ガタッ』という音が10秒周期で出ている」

②「『ガタッ』という音がランダムに出ている」

となる。

場合によっては、音の大きさまで表現する必要もある。

「かすかな音」

「頭に響くような大きな音」

など、身のまわりで発生している音を詳しく表現してみよう。

絵解き

30

感覚

（振動を的確に表現する）

次の絵の様子は表現できるだろうか。

「板が振動している」

たしかにそうなのだが、できれば、もっと正確に表現したい。

板が振動しているといっても、板の一部が振動しているのか、板の全面が振動しているのか。また、振動がどこからくるのかわかる場合には、振動の発生源も入れて表現したい。

振動の発生源が板についている風車ならば、

「風車の回るときに発生する振動とともに、板の全面が振動している」

「風車の回るときの振動が、板の全面に伝わっている」

となる。

振動も音と同様に、

- どんなときに振動が出るのか？
- 振動のする部位、範囲は？
- 振動の強弱は？
- 振動は継続するのか、途切れるのか？
- 振動の頻度、周期は？

までを伝えなければならない。

状態をしっかりつかむためには、物事をよく観察することが大切だ。

3

変化を伝える

時間とともに変化する様子を相手に伝えることは意外と難しい。しかし、これまでと同じように考えていくことで、伝わる表現を磨くことができる。
以下では、絵を使わずに言葉だけで相手に伝えるとするなら、どのような表現になるかを考えていこう。

絵解き

31

数量の変化

(臆測を入れず、見たままを表現する①)

次の絵では、釣り人が9時に釣りを始めて7時間が経過した。さて、この状況をどのように表現すればよいだろうか。

「魚が1匹しか釣れていない」

これでは背景の表現が足りない。また、この表現には、後述するように、釣り人の「もっと釣りたい」という思いが入ってしまっている。状態を的確に捉えてはいないので、これでは不合格である。

このような場合に留意すべきは、まず、時間の経過を踏まえて表現すること。

「釣り人は9時から16時まで釣りをしている」

「その間に釣れた魚は1匹」

このことから、

「9時から16時までの間に釣れた魚は1匹である」

となる。

なぜ、「1匹しか」とせずに、「1匹である」としたか。

それは、「1匹しか」というのは、比べる対象があってこそ可能な表現だからだ。

絵の中の釣り人の隣で、同じように魚を釣っている人がいるとして、その人が数多くの魚を釣っているとか、同じ人が別の日に釣りをしたときには数多くの魚が釣れたという事実がない限り、「1匹である」としか表現できない。比べる対象がない場合は、見た状態をそのまま表現しなければならないのだ。

また、「1匹しか」は、「もっと釣れるものだ」という思いや偏見が入った表現でもあり、これは見ている人の勝手な判断でしかない。状態を正確に表現するには、思いを入れずに表現することも重要である。

ここで、状態を表現するときにあえて思いを入れるとしたら、について話をしよう。これは筆者自身の経験談であるが、社会人1年目は、新しい仲間との付き合いや、身のまわりのものを買うために、なにかと金がかかる。給料日まであと2日というときに、手元に残っているお金は1000円。

こんなとき、「手元に1000円しかない」と考えると不安になるが、「手元には1000円もある」と考えれば前向きになれる。「1000円もある」と考えると、「あと1日、どうやってそれで過ごそうか」となるからだ。

あえて思いを入れて、「1000円しか」ではなく、「1000円も」と、前向きに表現すると、自分や相手の考えや行動が前向きに変わっていく。

ところで、数量の違いや変化を表現するときに「多い（多くなった）」「少ない（少なくなった）」「強い（強くなった）」「弱い（弱くなった）」「速い（速くなった）」「遅い（遅くなった）」といった形容詞を使うが、比べる対象をはっきりさせないまま使っているのをよく耳にする。

「東京に行ったら、人が多かった」

と、比べる対象をはっきりさせず、いきなり言われても、「自分の住んでいる地域と比べて、東京には多くの人が街を歩いていた」なのか、それとも、「休日のオフィス街なのに、多くの人が街を歩いていた」なのか、はっきりしない。

特に、数値に関わる話の場合は、比較対象をはっきりさせないと、相手に伝わらない。

「温度が5℃低い」

ではなく、

「昨日と比べて温度が5℃低い」

「過去の平均値と比べて温度が5℃低い」

など、比較対象をはっきりさせて相手に伝えなければならない。

形容詞を使うときに注意しなければならないことは、次の2つ。

①何と比較しているのか。

②比較しているものと、どれくらい差があるのか。

日ごろ、形容詞を使うときには、この2つを意識してほしい。

絵解き

32

性能の変化

(臆測を入れず、見たままを表現する②)

次は、ペンで紙に線を引いている絵だ。この状況はどのように説明できるだろうか。

「インクが出てこない」

これでは相手に誤解を与えてしまう。もしかすると、ペン先からインクは出ているのだが、紙のところどころでインクが乗らないのかもしれない。

「インクがかすれている」

これでもいまひとつだ。

注意したいのは、私たちは先入観からインクを主体として考えてしまうところがあることだ。

状態として表すのであれば、

「ペンで直線を引いている」

「線が時々途切れている」

ということだ。これらを踏まえて的確に状態を表現すると、

「ペンで直線を引くと、線が時々途切れる」

とすべきだ。

状態を表現する場合、先入観を入れず、見たままを表現しなければならない。

絵解き

33

見た目の変化

(臆測を入れず、見たままを表現する③)

次は、ペットボトルに入った水を描いたものである。昨日と今日を比べて変わったことを伝えるとしたら、どのような表現になるだろうか。

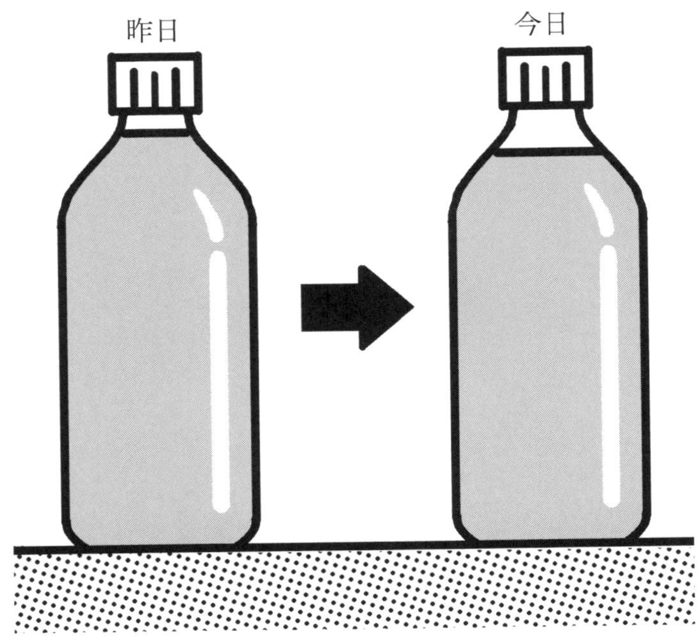

「水が減っている」

実は、これでは状態を正確に表現したことにはならない。状態を表現する場合、見たままを表現するのが肝心だ。ただしそれは、言うのは簡単だが、なかなか難しいことだ。

また、「水が減っている」は、水の量そのものが減ったことを意味する。この絵の状態を見せられて、水量が減ったと断定するのはいささか早すぎるのだ。もしかしたら、ボトルが膨らんだことにより、水量は変わっていないが、水面が下がったということもあり得るからだ。

このことから、水面が下がっていることは確かなことなので、

「ボトルの中に入っている水の水面が下がった」

となる。

できれば、次のように、何に対してどのくらい下がったのかわかる範囲で入れるとよい。

「ボトルの中に入っている水の水面が昨日と比べて少し下がった」

また、水面の下がった分の寸法がはっきりする場合は、「少し」ではなく、直接寸法を入れるとよい。

絵解き

34

数値の変化
（変化のしかたを読む）

次の絵から、東京と大阪の気温の変化を言葉だけで相手に伝えるなら、どう表現したらよいだろうか。

時刻	AM 10:00	11:00	12:00
東京気温	10℃	9℃	7℃
大阪気温	10℃	10℃	5℃

「東京の気温は、10℃、9℃、7℃に下がっていくのに対して、大阪は10℃、10℃、5℃に下がっていく」

このように、数値をそのまま並べるだけでは、気温の変化のしかたが伝わらない。

そこで、

「気温が、東京では午前10時から1時間ごとに10℃、9℃、7℃と徐々に下がっていく。一方、大阪では午前10時に10℃、11時に10℃、12時で5℃と、午前11時以降急激に下がる」

あるいは、

「気温が、東京では午前10時の10℃から徐々に下がっていき、12時には7℃まで下がる。一方、大阪では午前10時から11時までは10℃だが、11時からの1時間で5℃下がる」

となる。

変化の状態を伝えたいのであれば、数値を並べるだけでなく、そこから読み取れる変化のしかたまでしっかり表現しなければならない。

絵解き

35

数値の変化

(副詞を加えて表現する)

次は、時間の経過とともに変化する温度を記録した絵だ。これはどのように説明できるだろうか。

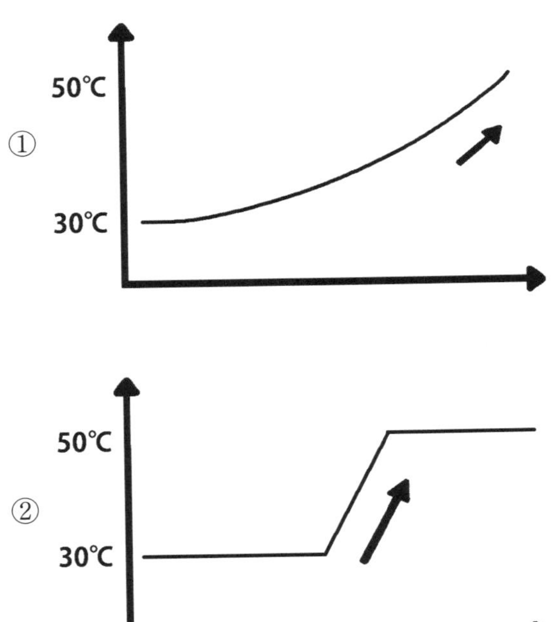

「温度が20℃上がった」

たしかに、どちらも温度が20℃上がっているが、これでは正確には伝わらない。20℃という数字を入れるだけでなく、どのように上がったのかを表現しなければならない。右の2つのグラフの温度の上がり方は、次の通りである。

①「温度が徐々に20℃上がった」

②「温度が急激に20℃上がった」

このように、数字の変化を表現する場合は、「どのように」といった副詞を加えて表現することが不可欠だ。また、どの時点から上がったのかがわかっているのであれば、それも加えたい。

場合によっては、

「（ある時点で）突然」

「時々」

「周期的に」

といった表現を加えることも考える。

頭の中にグラフを描けるくらいまで、数字の変化を観察して、正確に表現することを忘れてはならない。

絵解き

36

形の変化

（見たままを正確に表現する）

次は、①から④まで４枚の紙に、基準線と切断線が描かれた絵だ。①から④のそれぞれについて、基準線（破線）と切断線（実線）の状態を文で表現するとどうなるだろうか。

「基準線に対して切断線がズレている」

これではどういったズレなのかはっきりしない。少なくとも、

「切った後の形」

「基準線からのズレの方向」

を見たまま正確に表現する必要がある。

①から④それぞれについて、形と方向を加えて表現すると、次のようになる。

①「基準線に対して切断線が基準線をまたぐように左右にジグザグになっている」

②「基準線に対して切断線が左側かつ平行にズレている」

③「基準線に対して切断線が基準線をまたぐように左右に曲がりくねっている」

④「基準線に対して切断線が斜めにズレている」

さらに基準線からのズレの大きさを、「ちょっと（若干）」「かなり（大幅に）」といった副詞で表現するか、あるいは次のように寸法を加えて表現すると、なおよい。

「基準線に対して切断線が左右に最大〇〇センチ、基準線をまたぐようにジグザグになっている」

4

不具合を伝える

問題に遭遇したとき、言葉できちんと伝えることができるだろうか。以下では、不具合を伝える場合について考えていこう。

絵解き

37

不具合：割れる
（単語ではなく、文で表現する）

次の場合は、どうなるだろうか。

「花びんの割れ」

これは最もダメな表現だ。ちなみにこの表現を「体言止め」（名詞で終わる表現のこと）という。体言止めは、捉えている時点がはっきりしない。たった今、目の前で「割れた」のか、たまたま部屋に入ったら「割れていた」のか、どの時点を捉えているか不明である。捉えた時点が不明な表現は、受け手の解釈もばらつきやすいのだ。

相手にしっかり伝えるためには、

「窓ぎわの台の上の花びんが割れた」

あるいは、

「窓ぎわの台の上の花びんが割れていた」

にする。

また、部位もしっかり表現して、**「窓ぎわの台の上の花びんの口が割れていた」**としたい。

「水漏れ」というのも同様だ。

「水が漏れた」のか、**「水が漏れていた」**のか、しっかり表現しなければならない。

水が漏れ始めたときに自分がそこにいたか、もしくは水が漏れた後、すぐに気づいたのであれば**「水が漏れた」**だが、水が漏れたことに気づかず、しばらく経ってから水が漏れていることに気づいた場合は**「水が漏れていた」**あるいは**「水が漏れている」**になる。

絵解き

38

不具合：形状
（臆測を入れず、見たままを表現する）

次の絵は、どのように表現できるだろうか。

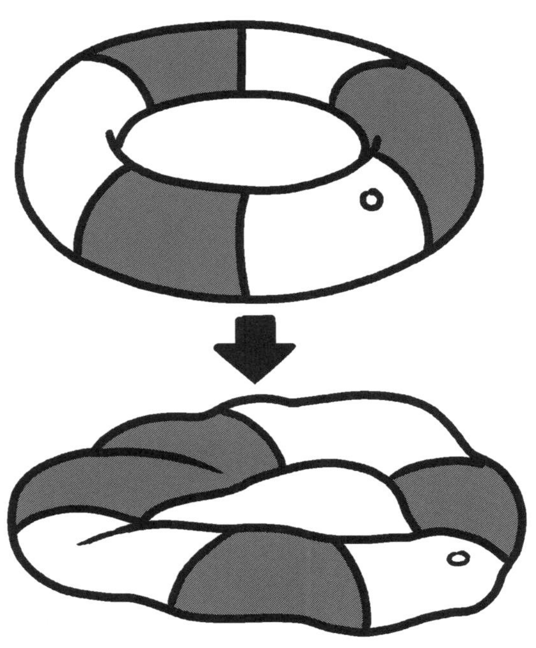

「浮き輪の空気が抜けた」

前述したように、目の前にある状態をそのまま捉えればよいのに、人は年をとるほど先走って、臆測を入れて表現してしまう傾向がある。

本当にこの浮き輪は空気が抜けたのだろうか。浮き輪のどこかに穴が開いている、空気弁にすき間がある、といった確証がないうちに、「空気が抜けた」と表現してはいけない。

見たままを表現すると、

「浮き輪がしぼんだ」

「浮き輪の張りがはじめに比べて弱くなった」

「浮き輪のしわがはじめに比べて増えた」

となる。

臆測を入れず、物事を見ることを忘れてはならない。

絵解き

39

不具合：位置

（臆測を入れず、見たままを表現する）

これも、臆測を入れずに、位置関係をきちんと表現しないと、相手に状態が伝わらない例だ。

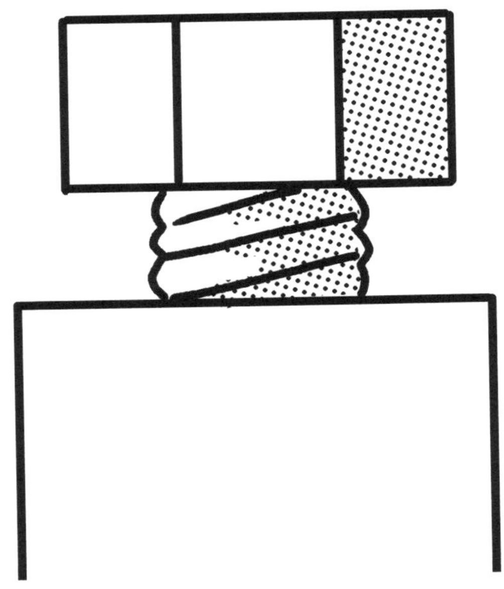

「ボルトがゆるんでいる」

こう表現する人が少なくない。だが、これは物事を正確に捉えていない。

物事を表現する場合、言葉の意味をしっかり理解したうえで表現しなければならない。「ゆるみ」の意味は、最初に締まっていたものが時間の経過とともに弱くなっていくことだ。以前は締まっていたかどうかもわからないのに「ゆるみ」と言ってしまうと、最初は締まっていたという先入観で物事を見てしまいかねない。つまり、「ボルトがゆるんでいる」というのは、ボルトの最初の状態を見ていない限り、臆測が入った表現ということになる。

日ごろ着慣れたパジャマのズボンで「ゴムが伸びた」と確実に言えるのは、以前の状態がわかっているからだ。

大事なのは、以前の状況がわかっていない場合は、見たままを表現すること。

正解は次のようになる。

「ボルトの頭と板との間にすき間がある」

日ごろから聞き慣れた表現をうっかり使うことのないよう、気をつけたい。

絵解き

40

不具合：ない

（臆測を入れず、見たままを表現する）

次の絵はどうだろうか。

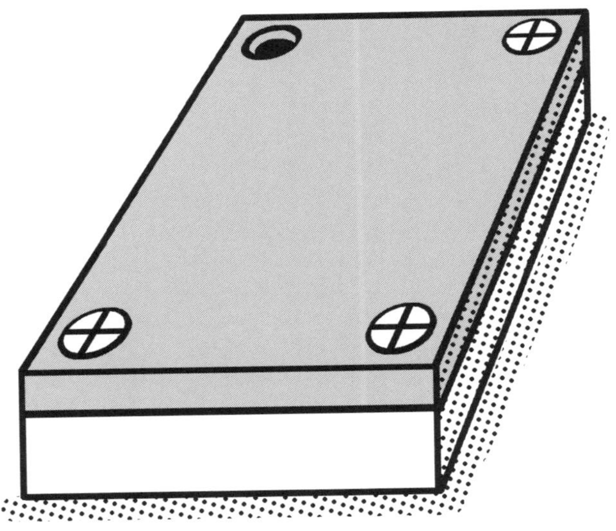

「ネジが取れた」あるいは**「ネジが抜けた」**

この表現には、最初はネジが4本ともあったという臆測が入っている。

「ネジがない」

これはどうか？　これでは何本のネジのうち何本がないのか、はっきりしない。

ということで、これらはどれも不合格だ。

臆測を入れず、見たままを具体的に表現するのであれば、

「4本中1本のネジがない」

「ネジ4本のうち1本だけがない」

となる。

上下や左右といった方向がはっきりしている場合は、

「4本のうち左上のネジが1本ない」

と表現すれば、さらにはっきりする。

いきさつがはっきりしていないモノを目の前にしたら、まずは見たままを表現することを忘れてはならない。

絵解き

41

不具合：ない

（比較して表現する）

では、次のような状況は、どのように説明できるだろうか。

「魚が釣れない」

これでは、絵に描かれた状態が相手に伝わらない。絵を見る限り、そもそも「魚が釣れない」ではなく、「釣り針付近には魚がいない」になる。

絵に描かれていることを書き出すと、次のことがわかる。

「釣り針の先には餌がついている」

「釣り針の近くには魚がまったくいない」

「釣り針の位置より深いところに魚がいる」

これらを組み合わせると、

「水深の深いところには魚がいるが、餌のついている釣り針周辺には魚が全くいない」

となる。

ここでのポイントは、比較だ。釣り針の周辺だけを表現するのではなく、水深の深いところと比較するように表現すると、相手にしっかり伝わる。

相手にしっかり伝えようとすると、ちょっと分の悪いこともある。「テストの点数が60点だった」に比較の表現を加えると、「ほとんどの人は70点以上だったのに、私は60点だった」となるからだ。

絵解き

42

不具合：破れる

（言葉を選んで表現する）

トラブルこそ、相手に正確に伝えたい。次の場合は、どうなるだろうか。

「紙が破れている」

よく聞く表現だが、これでは合格点はもらえない。

「見たままを表現する」というのは、言うは易しで、なかなか難しいものだ。

この場合、紙の破れ方をそのまま表現しなければならない。

①は「裂けている」

②は「ちぎれている」

③は「穴が開いている」

さらに、

・破れている位置

・破れの方向

を表現に加える。

①「紙の短い方の一辺の真ん中からタテに裂けている」

②「紙の左上の角がちぎれている」

③「紙の中央に穴が開いている」

ここまで表現しないと相手に伝わらない。

どんな破れでも「紙の破れ」と一言で表現していた人は要注意だ。

絵解き

43

不具合：開く
（言葉を選んで表現する）

次の枕の状態は、どのように表現するだろうか。

「枕が破れている」

これでは、全く伝わらない。

「破れている」と言われると、相手は生地の一部が切り裂かれているようなイメージを思い浮かべてしまうだろう。状態を正確に捉えて、言葉を選んで表現しなければならない。

また、「枕」という捉え方は、いかにも大雑把すぎる。枕のどの部分の話なのか全くわからない。

枕は切り裂かれているのではなく、生地の縫い目の糸が切れて、縫い目が開いている状態にある。さらに、縫い目の開いているところの位置も表現に加えて、

「枕の2つの長辺のうち一辺で、生地の縫い目の一部が切れて開いている」

となる。

生地の縫い目がどのくらい開いているのかまで相手に伝える必要があれば、その寸法も加えて表現するとよい。

絵解き

44

不具合：欠ける
（言葉を選んで表現する）

次の絵の場合は、どうなるだろうか。

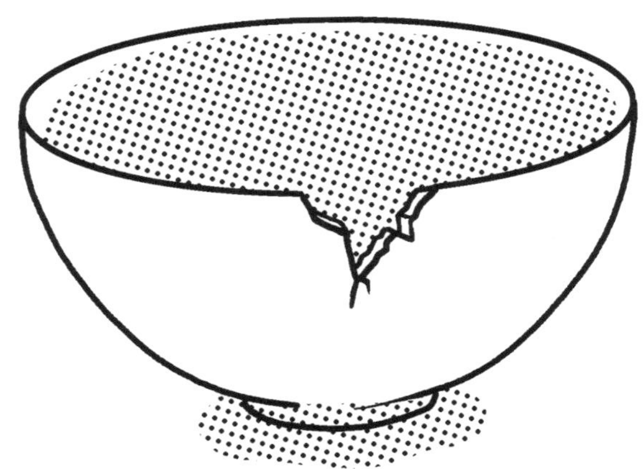

「器が割れている」

残念。これでは、相手に伝わらない。

そもそも「割れ」ではなく、「欠け」である。「割れ」と表現すると、相手は、器が真二つに割れている、とか、ひび割れている、といった大げさなことを想像してしまう。この絵の場合は、「割れている」ではなく、「欠けている」になる。ふさわしい言葉を選ぶことを怠ってはならない。

さらに、欠けている部位を表現に加えることで、相手にははっきりとしたイメージが伝わる。

この場合、欠けているのは、器の縁だ。部位を加えて、

「器の縁が一カ所欠けている」

とする。これなら、相手にも伝わるはずだ。

状態を正確に捉えるということは、言葉選びにも注意しなければならないことを肝に銘じてほしい。

絵解き

45

不具合：切れる

（言葉を選んで表現する）

状況を正確に伝えるためには、言葉の選び方も重要である。コードの状態を描いた次のケースで考えてみよう。

「コードが切れた」

１本のコードが切れたことは間違いないが、できればもっと具体的に表現したい。

コードが切れる場合、いろいろな切れ方がある。

①刃物など鋭利なモノで断ち切る
②引きちぎる
③焼き切る
④こすって切る（擦り切る）

切り口を見れば、どのパターンかおおよそ見当がつく。

ほかにも、「噛み切る」というパターンもある。

コードの断面の状態を見て、

①「コードが切断された」
②「コードが引きちぎられた」
③「コードが焼き切れた」
④「コードが擦り切れた」

にする。

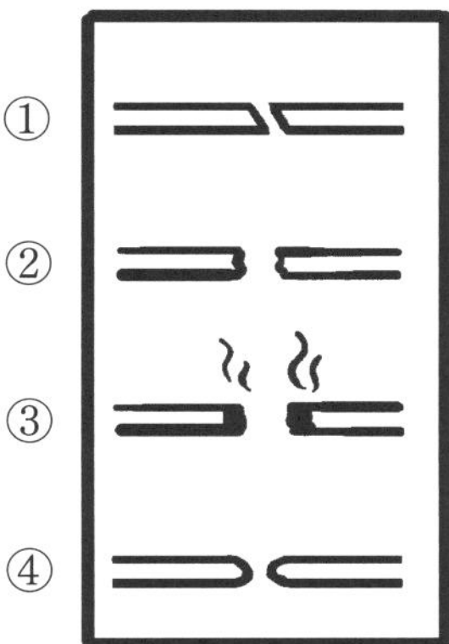

絵解き

46

不具合：傷

（位置・方向・形・数量を正確に表現する）

傷のつき方にもいろいろある。なぜ傷がついたのかを考えるうえでも、きちんと状況を伝えなければならない。次の場合は、どのように表現できるだろうか。

「ピンに傷がついている」

これでは、不合格。

右の表現には、傷のつき方、すなわち傷の位置や形、方向が表現されていない。傷のつき方によっては原因が異なる。目の前の状態を相手に伝えるならば、傷のつき方まで具体的に表現したい。

せめて、

「ピンの胴回りに、縦に傷がついている」

「ピンの胴回りに、横に傷がついている」

としたい。

もっと詳しく伝えるならば、傷の長さや幅、深さ、さらに傷は真っ直ぐなのか、曲がっているのかといった傷の形も入れて表現する。

実は、一言で傷といっても様々な傷がある。

線状の傷、擦り傷、ひっかき傷、何かが当たったような当て傷（打コン）など。どのような傷なのかまで、しっかり観察して表現したいところだ。

絵解き

47

不具合：穴
（位置・方向・形・数量を正確に表現する）

不具合は、きちんと伝えないと、思わぬ事故につながりかねない。次の絵を見て、あなたはどのように伝えるだろうか。

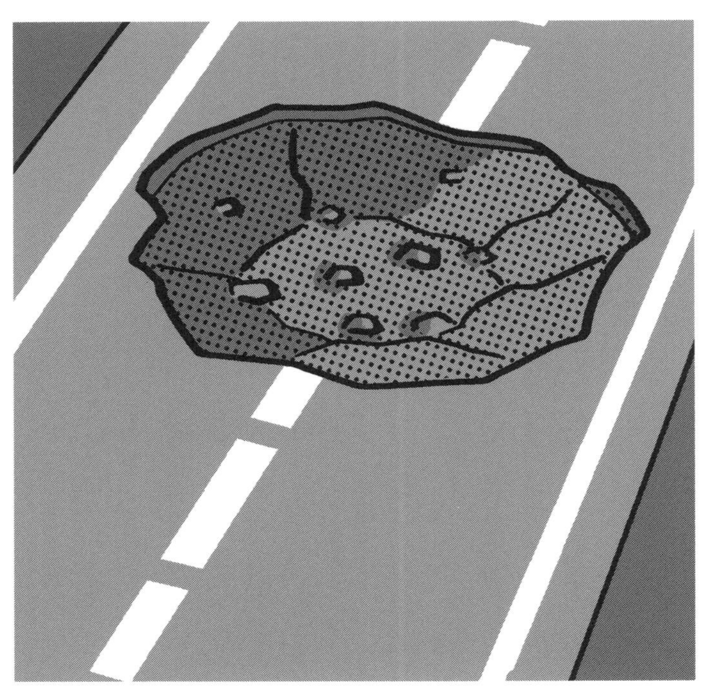

「道路に穴が開いている」

これでは伝えたい内容の半分も、相手には伝わらない。

目の前の状態を正確に相手に伝えたいなら、まずは伝えたい項目を状態から洗い出す。洗い出された項目それぞれについて、ふさわしい表現を選ぶ。あとは、全ての表現を入れて、1つにまとめればよい。

項目の洗い出しと表現は以下のようになる。

・穴の中心　⇓　道路の中央
・どんな形　⇓　円形
・どのくらいの大きさ　⇓　道幅いっぱい
・どのくらいの深さ　⇓　1メートルくらい

これらの表現を1つにまとめると、

「道路の中央を中心として道幅いっぱいに、深さ1メートルくらいの丸い穴が開いていた」

になる。

日ごろから、伝えたい項目を状態から瞬時に洗い出せるようにしておくことが大切だ。

絵解き

48

不具合：加工違い
（位置・方向・形・数量を正確に表現する）

例えば、届いた部品に不具合が見つかったとき、何が問題なのかきちんと伝えることは重要だ。ツヤのあるプラスチック化粧板を描いた次の絵のケースでは、どのように表現すればよいだろうか。

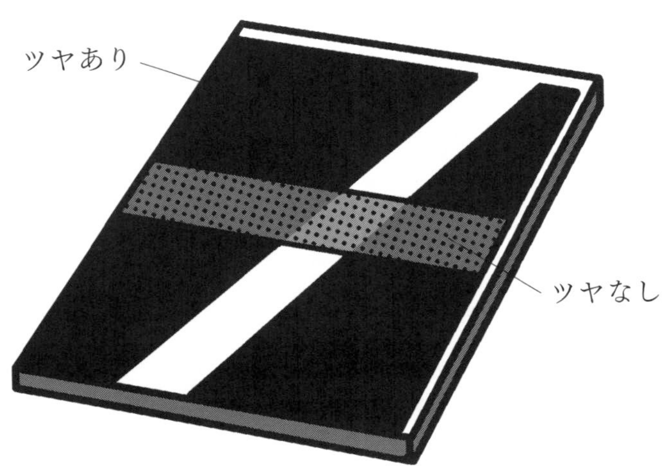

「ツヤがない」

こう表現する人はまずいないと思うが、これだと相手は板の全面にツヤがないと勘違いする。よって、不合格。

ツヤがない部分は一部だけ。それを正確に表現すると、「板の中ほど」となる。また、ツヤのない部分の形は短辺と平行に帯状になっている。

これらのことから、

「板の中ほどに短辺と平行に帯状のツヤのない部分がある」

となる。

さらに、ツヤのない部分とそれ以外の違いをはっきりさせるためには、

「板の中ほどに短辺と平行に帯状のツヤのない部分があり、それ以外の部分にはツヤがある」

と表現するとなおよい。

「ツヤがない」のように、ある部分の違いだけを表現するだけでなく、位置や形の表現を加え、ツヤのないところ以外はどうなっているかをはっきり表現することで、同じ絵が正確に相手に伝わる。

絵解き

49

不具合：あふれる
（位置・方向・形・数量を正確に表現する）

次の絵はどうだろう。

「コーヒーがあふれている」

これでは表現が足りないので、不合格。コーヒーがどこからどこにあふれているのか、どのくらいあふれているのか、表現を加えるのだ。

「コーヒーがカップから皿に少し（若干）あふれている」

あふれているという状態を伝えるだけでなく、皿にあふれている量をはっきりさせるために、「少し」あるいは「若干」という副詞を入れることも大事だ。あふれている量が何ミリリットルなのかわかれば、表現に加える。

では、ここでクイズをもう1つ。もし、あなたがコーヒーの量とカップの大きさ（容量）との関係（相対関係）について絵をもとに相手に伝えようとするなら、どのようになるか。

ここで注意したいのは、コーヒーを主体（基準）とするか、カップを主体（基準）とするかによって表現が異なることだ。

コーヒーを主体として表現するならば、

「コーヒーの量に対してカップの大きさ（容量）が少し小さい（少ない）」

となり、カップを主体として表現するなら、

「カップの容量に対して、コーヒーの量が少し多い」

となる。

絵解き

50

不具合：とれる

（全体から部位へ。位置を的確に表現する）

では、次の絵ではどうだろうか。

「持ち手がとれた」

これではまったく表現が足りない。当然、不合格である。

絵を見ると、トートバックの持ち手の縫い付け部の片方がとれている。ただ、バッグには持ち手は2つあり、縫い付け部がとれているのは、そのうちの1つだ。

それらを合わせて表現すると、

「トートバッグの2つある持ち手のうちの1つで、縫い付け部の片方がとれている」

となる。

表現する順序は、ドラマや映画などの撮影シーンを想像するとよいかもしれない。はじめに全体を写し、次に表現したい部分にズームしていくのだ。

映像の代わりに、言葉で表現すると、

「持ち手が2つある」
「持ち手の1つに不具合がある」
「持ち手の縫い付け部の片方がとれている」

となる。

全体から部位へ——このように表現することで、相手もイメージしやすくなる。

絵解き

51

不具合：位置ズレ

（ズレを的確に表現する①）

ＵＦＯキャッチャーはなかなかうまく商品を取らせてくれない。次の状態は、どのように表現できるだろうか。

「UFOキャッチャーと商品がズレている」

これでもよさそうだが合格点はもらえない。重要なのはズレを的確に捉えること。ズレとはすなわち、UFOキャッチャーのハンドの中心と狙っている商品の中心とのズレだ。

となると、せめて左の表現にしたい。

「UFOキャッチャーのハンドの中心と狙っている商品の中心がズレている」

もっと的確に表現するならば、UFOキャッチャーのハンドの中心と商品の中心のどちらかに基準をおいて、ズレている方向を示す。これが表現できればしめたものだ。

「UFOキャッチャーのハンドの中心が狙っている商品の中心に対して左方向にズレている」

さらに、どのくらいズレているのか具体的な数値を入れるとなおよい。

ズレについては、

- 何のどこと何のどこがズレているのか
- どちらを基準とするのか
- どちらの方向にズレているのか
- どのくらいズレているのか

を的確に表現しなければならない。

絵解き

52

不具合：位置ズレ

（ズレを的確に表現する②）

次のノートパソコンのモニター画面を見て、ズレをどのように表現できるだろうか。

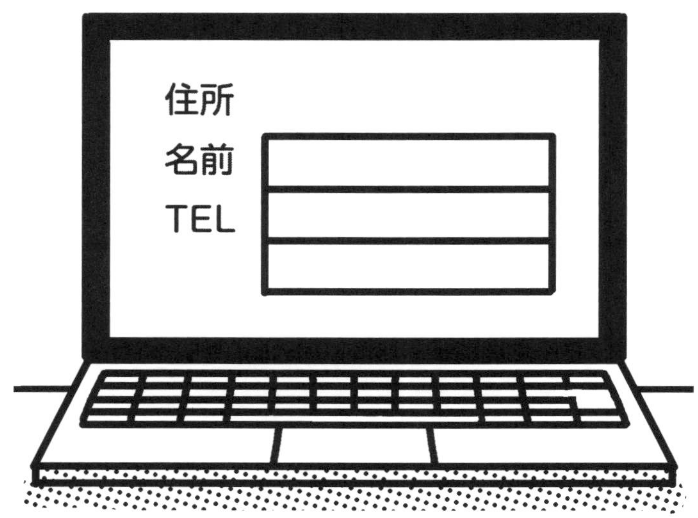

「1行ズレている」

これでは、相手に伝わらないのはもはやおわかりだろう。

では、1行ズレていることをどのように表現して相手に伝えたらよいだろうか。

まずは、「住所」「名前」「TEL」といった表示とそれぞれの入力欄がタテに並んでいるが、そのうちのどちらを正しい（基準）とするかを決めるところから始める。

表示が正しいとした場合は、

「表示に対して入力欄が1行ずつズレている」

となる。

相手と一緒にこの画面を眺めているのであれば、これでも問題なく伝わる。

しかし、相手は別のところにいて、画面を見ているのは自分だけだった場合には、もうひと工夫が必要だ。すなわち、次のようになる。

「表示に対して入力欄が1行ずつ下にズレている」

・どちらを基準とするのか
・どの方向にズレているのか
・どのくらいズレているのか

ズレを表現する場合、これらをしっかり表現しなければならない。

絵解き

53

不具合：違い・バラツキ

（違いを的確に表現する①）

次のケースでは、何をどのように表現すれば状況を伝えることができるだろうか。

「向きが違う」

言うまでもなく、これでは不合格。

基本は、「絵解き 50」でも説明した、「全体から部分へ」だ。

まず、この絵で押さえたいことは、

「同じ大きさの黒い5つの正三角形が横一列に並んでいる」

「正三角形は、1つを除いて、頂点が上を向いている」

「右から2番目の正三角形だけが、頂点が下を向いている」

の3つ。これらを入れて表現すると、

「同じ大きさの黒い5つの正三角形が横一列に並んでいるが、右から2番目の正三角形だけ、頂点が下向きであり、その他の4つの正三角形は頂点が上を向いている」

となる。

絵の内容をそのまま相手に伝えるには、絵の中にある押さえるべきポイント（要素）を抜き出して、それらを表現に盛り込まなければならない。

絵解き

54

不具合：違い・バラツキ

（違いを的確に表現する②）

前述の絵解き（５３）を踏まえて、次の絵を考えてみよう。

「ボタンの位置がズレている」

これだと、3枚ともズレているのか、それとも1枚だけなのか、はっきりしない。また、どのようにズレているのかも不明だ。

前述のように、「全体から部分へ」で考えると、わかりやすい。

「3着の上着がある」

「全ての上着には、それぞれボタンが3つついている」

「3着のうち1着の上着は、ついている3つのボタン同士の間隔が均等ではない」

右のことを入れて表現すると、

「3着の上着にはそれぞれボタンが3つあるが、そのうちの1着はボタン同士の間隔が均等でない」

あるいは、真ん中のボタンのズレ方向を加えて、

「3着の上着のうち1着だけ、ボタン同士が等間隔ではなく、第2ボタンの位置が少し下にズレている」

となる。

さらに、ズレの寸法を加えるとなおよい。

絵解き

55

不具合：違い・バラツキ

（違いを的確に表現する③）

商品や製品のバラツキは大きな問題になる。まんじゅうからあんが出ている様子を見つけたとき、どのように伝えればよいだろうか。

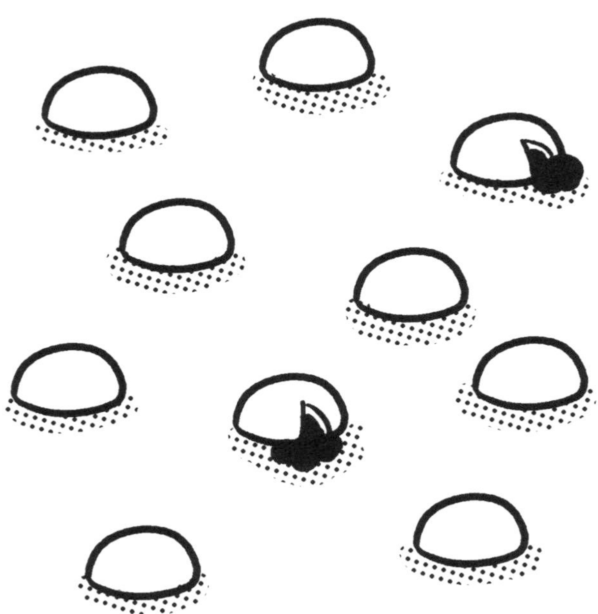

「あんが出ている」

あんが出てしまっているまんじゅうがあることは伝わるが、これでは不合格。押さえるべきは、あんが出ているまんじゅうは、全部なのか、一部なのかだ。

全てのまんじゅうからあんが出ている場合には、まんじゅうを作るときの条件（水分量、温度、時間、手順など）の設定に誤りがあることが考えられる。

一方、いくつかのまんじゅうであんが出ている場合は、まんじゅうを作るときの条件のばらつきが考えられる。

どちらの方向で考えるにせよ、相手に伝えるときには、状態を的確に表現しなければならない。

これらを踏まえると、

「10個のまんじゅうのうち、2個からあんが出ている」

と表現しなければならない。

ある状態が一律なのか、ばらついているのか、しっかり捉えて表現しなければならないのである。

絵解き

56

不具合：とれる

（状況を正確に表現する）

次の絵から、何が起こっているのかを伝えるとすれば、どのような表現になるだろうか。

「タイヤがとれた！」

タイヤがとれた瞬間、私たちはこう叫んだりする。

だが、人に伝える場合には、この表現では相手にはよくわからない。

「どの時点で」

「何のどこのタイヤが」

「どのように」

場合によっては、

「どこから」

といったことを相手に伝えないと、相手もどう対応してよいかわからない。

この場合、

「おもちゃの車を手で持ってテーブルの上で動かしているときに、車の左後輪がポロっととれた」

となる。右は、単にタイヤがとれた状態を表現しているわけだが、例えば、音を立ててタイヤがとれた場合には、次のようになる。

「おもちゃの車を手で持ってテーブルの上で動かしているときに、何かが割れる音とともに車の左後輪がとれた」

絵解き

57

不具合：滑る
（状況を正確に表現する）

次の場合は、どんな表現になるだろうか。

「三郎さんは滑った」

もう少し丁寧に表現したい。

絵を見ると、滑るだけでなく、下に落ちてもいる。「滑る」と「落ちる」を合わせて、「滑り落ちる」になる。また、三郎さんが滑っているところは、斜面になっている。

これらの状況から、滑っている場所を表現に加えると、

「三郎さんは、斜面を滑り落ちた」

になる。

滑り始めた地点がはっきりしているならば、その地点を追加して、

「三郎さんは山道から斜面を滑り落ちた」

となる。

さらに、三郎さんの姿勢を加えると、

「三郎さんは、山道から斜面をあおむけの状態で滑り落ちた」

となる。

絵解き

58

不具合：当たる
（状況を正確に表現する①）

次は、緊急事態として通報しなければならない。さて、どのように伝えるべきか。

「電柱に車がぶつかった」

これでも相手に伝わらなくはないが、できればもう少し正確に表現したいところだ。「車がぶつかった」とあるが、これだと車のどこが電柱にぶつかったのかわからない。また、前進しているときにぶつかったのか、バックしているときにぶつかったのか、この表現だけではわからない。さらに、ぶつかったときの衝撃の大きさもわからない。

今、絵から読み取れるのは、

「車が前進してぶつかった」

「車の正面が電柱にぶつかった」

「ぶつかったときの衝撃は大きかった」

の3つ。この3つを合わせて表現すると、

「前進中の車が正面から電柱に勢いよくぶつかった」

となり、電柱の立っている場所まで詳細に伝えるならば、例えば、

「前進中の車が、正面からコンビニの脇に立っていた電柱に勢いよくぶつかった」

となる。

絵解き

59

不具合：当たる

（状況を正確に表現する②）

次も、同じようなケースだ。

「車に岩が当たった」

これでは、相手に伝わらない。

車に岩が当たる前、車や岩はどのような状況だったのかを表現に加えないと、相手はよくわからない。

まず、絵からわかることを整理すると、

「車は山沿いの道を走っていた」

「大きな岩が道路脇の崖の斜面から道路に転がってきた」

「車の真上に岩が激突した」

になる。

これらを組み合わせて表現すると、

「道路脇の崖の斜面を転がってきた岩が、走行中の車の真上に激突した」

となる。

なお、ここでは前述（絵解き13〜16）のコマ送り表現も参考にしてほしい。

瞬時に全てを把握したうえで、それらをもとに状況を表現する。そこまでやらないと、相手には伝わらない。

絵解き

60

不具合：汚れ

（地点・部位・個所を正確に表現する）

次の絵は、どうなるだろうか。

「汚れがついている」

汚れがついていることははっきりするが、何の汚れなのか、どこについているのかがはっきりしない。

よくあるのは、ペンキだろうが何だろうが、全て「汚れ」と表現してしまうケースだ。汚れの種類がはっきりしているならば、「汚れ」ではなく、ペンキとすべきだ。

それと、ペンキのついている個所の表現が足りない。顔全体に汚れがついているのか、それとも顔の一部に汚れがついているのか。ただし、だからといって、「顔の一部に」では中途半端な表現だ。

汚れのついている個所を具体的に表現すると、

「顔の右目の上あたりと右のほほに、ペンキがついている」

となる。

場所という大雑把な表現ではなく、個所あるいは地点で表現することで、しっかり相手に伝わる。

さらに、ペンキのついた範囲やペンキの量を加えると、

「顔の右目の上あたりと右のほほの一部にペンキがべっとりついている」

となる。

絵解き

61

不具合：切れる
（地点・部位・個所を正確に表現する）

ケガをしてしまった友達。応急処置をしてもらうため、救護の人に連絡をするとき、どのように伝えればいいだろうか。

「手を切った」

これでは、手のどこが切れたのかわからない。切れた部位までしっかり表現しないと、相手に伝わらない。

切れた部位は、右手の人差し指の腹側。長さは5ミリ程度（必要に応じて、切り口の形状も加える）。さらに、主語を指にして、

「五郎さんの右手の人差し指の腹側が5ミリくらい切れた」

となる。

なぜ指が切れてしまったのかがはっきりしているならば、

「ナイフで、五郎さんの右手の人差し指の腹側が5ミリくらい切れた」

となる。

五郎さんを主語にして、

「五郎さんは、ナイフで右手の人差し指の腹側を5ミリくらい切った」

という表現をよく目にする。

五郎さん自身、思ってもいなかったことが起きて指を切ってしまったのであれば、「五郎さんは指を切った」ではなく、「指が切れた」の方が自然だ。「五郎さんは指を切った」だと、五郎さんが悪いという主観が入りやすいからだ。

絵解き

62

不具合：漏れる・出る

（地点・部位・個所を正確に表現する①）

不具合が発生した場合は、何がどのような状況なのか、相手がイメージできるように伝える必要がある。次の場合は、どう表現するか。

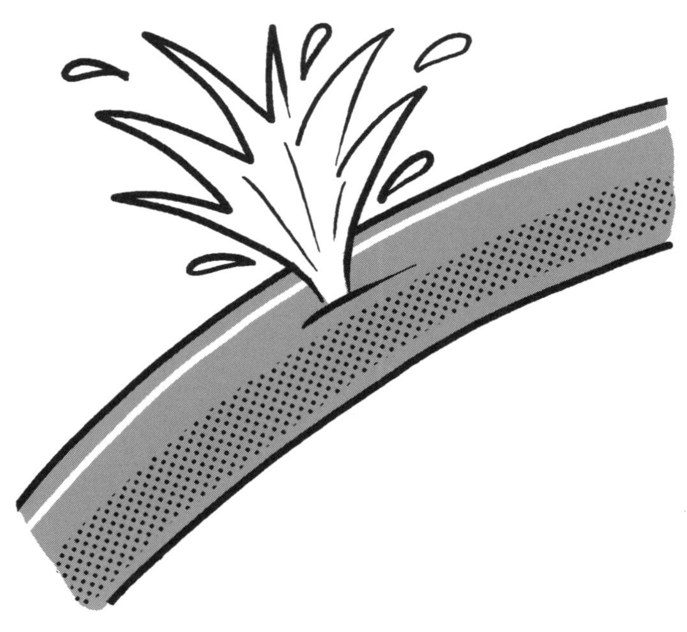

「水が出ている」

こんなふうに言いがちだが、これでは、不合格。

絵からわかることを書き出すと、

「ゴム管の一部に小さな切れ目が開いている」

「その切れ目から水が勢いよく噴き出している」

になる。

この2つを組み合わせて表現すると、

「ゴム管の一部にできた小さな切れ目から、水が勢いよく噴き出している」

になる。

ここで特に大事なのは、どの部位から水が噴き出しているか、だ。よくあるのは、「ゴム管から」という大雑把な表現。右の文にあるように、「ゴム管の一部にできた小さな切れ目から」水が噴き出していると、しっかり観察したうえで表現したい。また、「勢いよく」といった副詞も欠かせない。

目に入ってくる1つのことだけに着目して表現するのではなく、目に入ってくること全てを一つひとつ押さえて、それらを組み合わせて表現することが大事だ。

絵解き

63

不具合：漏れる・出る

(地点・部位・個所を正確に表現する②)

絵のようなトラブルが起こっている。今すぐ直してほしいと業者に連絡する場合、どのように伝えるのがよいか。

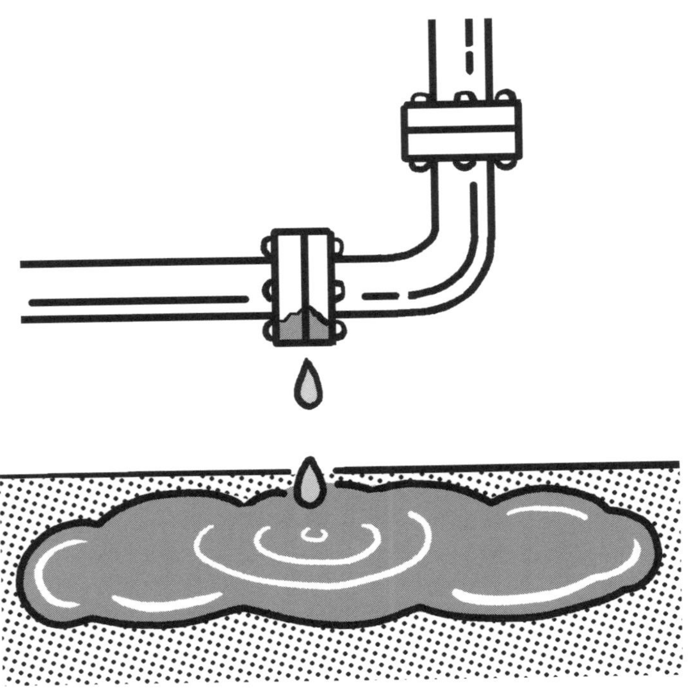

「水が漏れている」

水が漏れていることは相手に伝わるが、「どこから」「どのくらい」の量が漏れているのか正確に伝わらない。よって、不合格。

絵の状態を相手に伝えて、水漏れをなんとか処置してもらいたいと考えているならば、もっと正確に表現しなければならない。

この場合、

・「どこから」は、「配管の接続部（つなぎ目、接手部）から」
・「どのくらい」は、「床が水浸しになるくらい大量に」

それらを加えて表現すると、

「床が水浸しになるくらい大量の水が、配管の接続部から漏れている」

となる。

ここで、「大量」という表現を、例えば、「100リットルくらい」などと数値で表すことができれば、なおよい。

なお、注意してほしいのは、くれぐれも「水漏れ」という単語で表現しないこと。「水漏れ」にもいろいろあり、この言葉だけでは相手は勝手に想像を膨らませてしまう。単語だけではは非常にあいまいであり、相手にイメージがしっかり伝わらないからだ。

絵解き

64

不具合：倒れる・とれる

(地点・部位・個所を正確に表現する)

次の絵はどうだろうか。

「木が倒れている」

よく聞く表現だが、あまりに大雑把だ。倒れ方が正確に表現されていないからだ。「木が倒れている」といっても、木の幹の途中から折れて倒れているのか、それとも根元から倒れているのかが相手に伝わらない。この絵では、根っこの部分がむき出しになっていることから、根元から倒れていることになる。

このことから、

「木が根元から倒れている」

となる。

モノを大雑把に捉えていては、大雑把な表現しか出てこない。モノの状態を表現するときには、モノや状態を一瞬見て、いきなり表現するのではなく、せめて、ひと呼吸おくくらいしっかり観察して、状態を見極めたうえで、表現することが求められる。

絵解き

65

不具合：曲がる
(地点・部位・個所を正確に表現する)

次の絵はどうだろうか。一番左は正常な状態にある。①と②を表現してみよう。

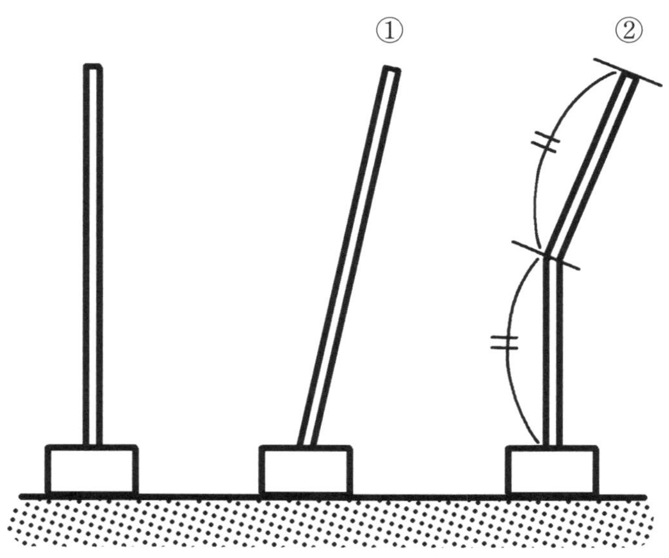

「軸が曲がっている」

読者はすでにおわかりと思うが、これでは不合格。
この場合、曲がり始めをしっかり表現することが求められる。
①は軸の付け根から、②はちょうど中ほどから曲がっている。
このことから、

①「軸が付け根から曲がっている」
②「軸の中ほどから曲がっている」

となる。
正確に言うと②は「く」の字に曲がっているので、「曲がっている」を「折れ曲がっている」に変えて、

②「軸が中ほどから折れ曲がっている」

とする。
曲線状に曲がっている場合は、

「軸が付け根から曲線状に曲がっている」

となる。
曲がり始めの位置と曲がりの形状をしっかり捉えて表現しなければならない。

絵解き

66

不具合：当たる
（地点・部位・個所を正確に表現する）

あなたは事故を目撃した。緊急事態だ。さて、どのように伝えるべきか。

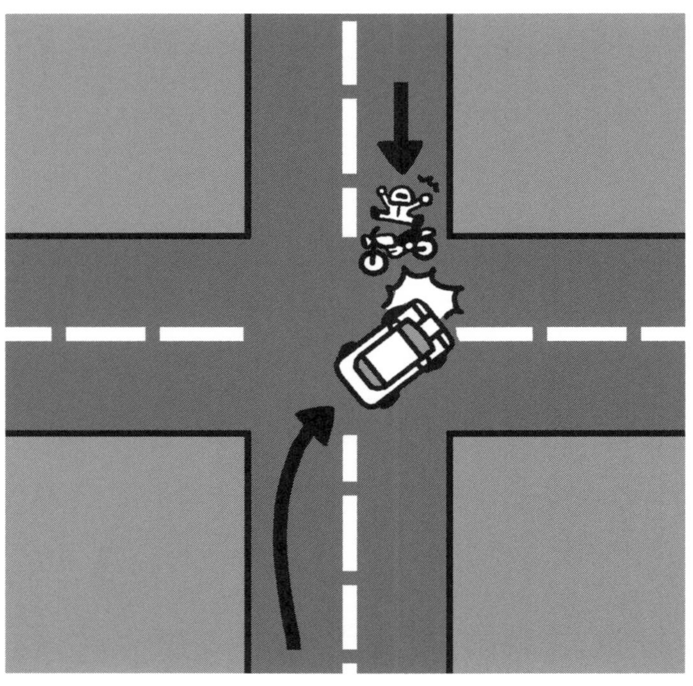

「交差点でバイクと車がぶつかった」

これでも相手に伝わるが、もう少し丁寧に表現したい。

どのような状況で、バイクと車が衝突したのか。バイクのどこと車のどこがぶつかったのか、相手に伝わる表現にしたい。

絵からわかることを書き出すと、

「バイクは対向車線を走ってきて、交差点を直進しようとしていた」

「車は交差点を右折しようとしていた」

「バイクの前輪と車の左前部がぶつかった」

になる。

このことから、左の表現になる。

「対向車線を直進してきたバイクの前輪が、交差点を右折しようとした車の左前部にぶつかった」

バイクに乗っていた人がバイクから遠くに投げ出されていたならば、ぶつかった衝撃の大きさがわかるように、次のようになる。

「対向車線を直進してきたバイクが、交差点を右折しようとした車の左前部に勢いよくぶつかった」

絵解き

67

不具合：しわ

（地点・部位・個所を正確に表現する）

４人ずつのチームがそれぞれ１枚のシートを広げている。左チームのシートは平らになっているが、右チームのシートは平らになっていない。右チームのシートの状態を相手に伝えるには、どのように表現したらよいか。誰かに何かをやってもらうことを表現するのではなく、あくまでシートの状態を表現してほしい。

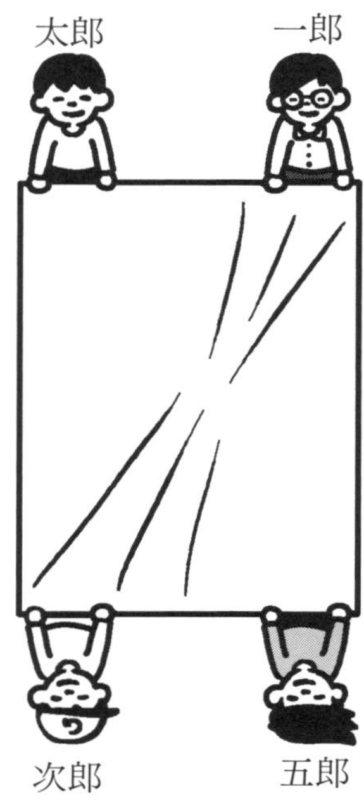

「シートにしわが入っている」

シートにしわが入っていることは伝わるが、これでは相手がイメージできない。相手にしっかり伝えたいのであれば、シートの状態がそのまま伝わるように表現したい。

この絵で重要なのは、しわの入り方（方向）だ。

しわは、一郎さんから次郎さんの方向（対角方向）に入っている。しわの方向を加えて表現すると、

「一郎さんから対角方向にいる次郎さんの方に、シートに大きなしわが入っている」

となる。

絵では、大きくしわが3本あるので、もっと正確に表現すると、

「一郎さんから対角方向にいる次郎さんの方に、シートに大きなしわが3本入っている」

になる。

絵解き

68

不具合：大きさ

（相対関係を表現する）

軸が穴にうまくはまらない。この場合はどのように表現するだろうか。

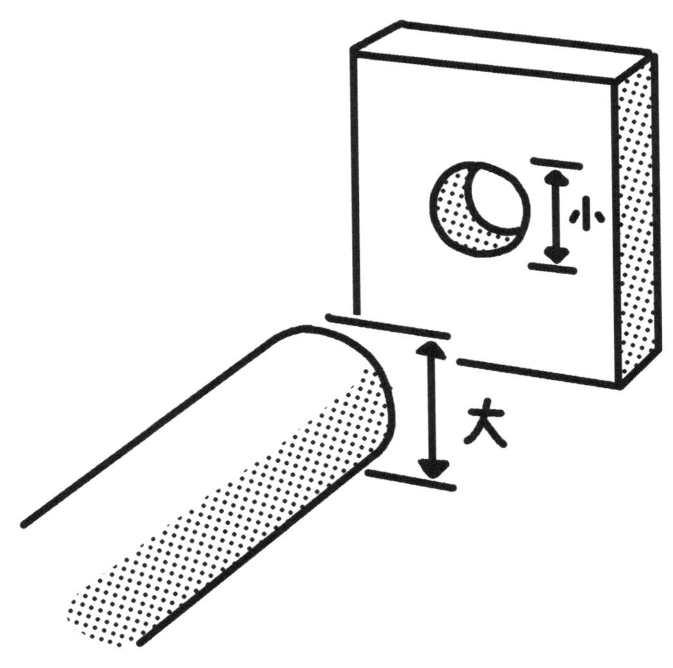

「軸と穴の大きさ（直径）が違う」

このように表現する人が少なくない。しかしこれでは、どのように違うのかはっきりしない。よって、不合格。

軸と穴の大きさが「どのように」違うのか、相対する関係を丁寧に表現しないと、相手に伝わらないのだ。

この場合、

「軸に対して穴の大きさ（直径）が小さい」

あるいは、

「穴に対して軸の大きさ（直径）が大きい」

と表現しなければならない。

できれば、「どのくらい」違うのかがわかる範囲で表現を付け足す。

「軸に対して穴の大きさ（直径）が若干小さい」

「軸に対して穴の大きさ（直径）がかなり小さい」

「若干」や「かなり」を、具体的に数値で表現できればなおよい。

絵解き

69

不具合：角度

（相対関係を表現する）

この絵も、軸が穴にはまらない状態だ。この場合はどのように表現するだろうか。

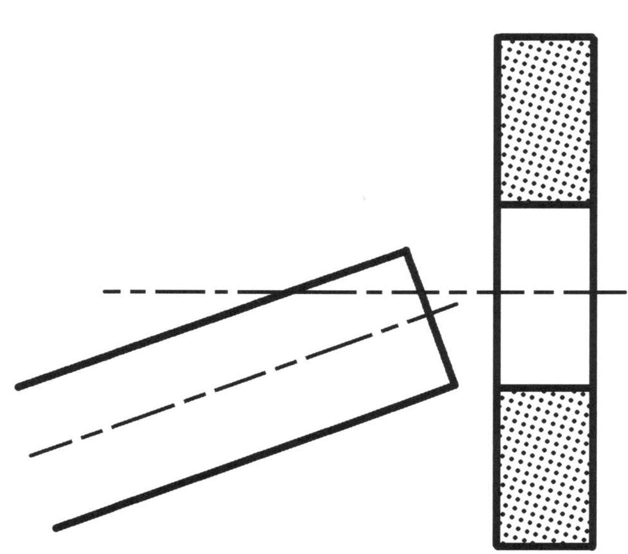

「軸が穴に入らない」

状況をよくつかんでいない人ほど、こんな言い方をしがちだ。感覚的な物言いだ。

何度も指摘してきたが、大事なのは状況をしっかりつかむこと。

軸の直径は穴径より若干小さく、穴にはまるように作られていたという前提で考えるならば、せめて、

「穴のある面に対して、軸が垂直に向いていない」

と表現したい。

これでも通じるが、もっと正確に表現すると、

「軸の中心線と穴の中心線が一致していない」

となる。

2つの相対するモノの位置関係には、線と線の一致以外にも、線と線の平行・直角、あるいは面と面の平行・直角、そして角度を表現するときに使う水平・垂直がある。

目の前の状態を感覚的に表現するのではなく、しっかりつかんで表現することを心がけたい。

絵解き

70

不具合：点灯しない

（背景を加えて表現する）

次の状況は、どのように表現できるだろうか。

「ライトが点灯しない」

ライトが点かないということは確かだが、これでは不合格。「たった今、電池を交換した」という背景がある場合は、背景を加えて表現しなければならない。さらに、スイッチをONにしているという背景も加えると、

「たった今、電池を交換したにもかかわらず、スイッチをONにしてもライトが点灯しない」

となる。

特に、予想に反することが発生した場合は、そのことを背景としてはっきり表現しないと、相手には伝わらない。

例えば、陽が射しているのに、雨がぱらつくような状態を経験したことはあるはずだ。この場合は、

「晴れているにもかかわらず、雨が降ってきた」

となる。

予想に反することは、モノ、コトだけでなく、人にも起きる。

「1時間前に、太郎さんは『すぐやる』と言ったにもかかわらず、まだやっていない」

親と子供の会話で、たびたび出てくる表現だ。

絵解き

71

不具合：閉まる

（背景を加えて表現する）

次も、予想に反する状態であることを、背景として表現しないと、相手には伝わらない。

「電車のドアが閉まった」

これでも伝わるかもしれないが、合格とは言えない。どういった状況、あるいは背景のなかで、電車のドアが閉まったのかが正確に表現されていないからだ。

自分は目の前の電車に乗ろうとしていたのか、そうではなかったのか。状況を加えると、伝えたい内容が正確に相手に伝わる。次の通りだ。

「五郎さんが到着した電車に乗ろうと急いで電車のドアの前まで駆けて行ったが、乗る直前にドアが閉まった」

この絵のように、自分の思いや予想と反することが起きたときこそ、状況や背景を捕捉する必要がある。

例えば、

「天気予報では雨が降らないと言っていたのに、雨が降ってきた」

「計画では作業は1日で終わることになっていたが、1日では終わらなかった」

などが、それに該当する。

予想に反することが起きたときは、状況や背景を加えて表現しないと、相手に正確に伝わらないということを忘れてはならない。

絵解き

72

不具合：開かない

(背景を加えて表現する①)

急なトラブルに見舞われると、どうしても視野が狭くなってしまう。その結果、状況をうまく伝えられなくなるのだ。次のケースでは、どのように表現すればよいだろうか。

「ドアが開かない」

相手が隣にいて、ドアを目の前にして言っているのであれば、これでも通じるが、例えば電話越しだった場合には、こう言われても、相手はすぐに回答することはできない。どのような状況でドアが開かないのか。今回のようにやることはやったが、うまくいかないときこそ、背景をしっかり表現する必要がある。

状況は、

「ドアのレバーを下げている」

「ドアを引こうとしている」

ということで、これらを入れて表現するのだ。

「次郎さんがドアのレバーを下げてドアを引こうとしても、ドアが開かない」

こう表現することで、今の状況が相手にしっかり伝わり、相手は「ドアのレバーを引くんじゃなく、押してください」と、すぐ回答できる。今やっていることだけでなく、背景を表現に加えることで、伝えたいことが相手にしっかり伝わる。

絵解き

73

不具合：出ない

（背景を加えて表現する）

次の絵のような経験をしたことはあるだろう。一定の条件の下でトラブルが生じている。これも表現を間違えると相手には伝わらないことがある。

「水道管が詰まっている」

先走って物事を捉えてはいけない。もしかしたら、どこかで水道工事をやっていて、断水しているのかもしれない。

この場合、前述したように、臆測を入れず見たままを表現すればよい。ただし、だからといって、

「水が出てこない」

でも合格とは言えない。どこから水が出てこないのかが表現されていないからだ。

せめて、「どこから」を加えて、

「水道の蛇口から水が出てこない」

としたい。

ここで、右の表現に背景を加えてみよう。

背景として、蛇口の栓を開けようと、ハンドルを反時計回りに全開になるまで回したのに、蛇口から水が出てこないとする。この背景を加えると、

「水道のハンドルを全開になるまで回しても、蛇口から水が出てこない」

といった表現になる。

これで、今の状況がしっかり相手に伝わる。

絵解き

74

不具合：開かない
（背景を加えて表現する②）

次のようなケースでは、「ビンのふたが開かない」と表現しがちだが、絵を見て背景を加えて表現してみてほしい。

絵では、太郎さんがビンのふたをつかんで回そうとしている様子が描かれている。その様子を表現に加えると、

「太郎さんがビンのふたをつかんで回そうとしているが、ふたが開かない」

となる。

ここで、ふたを開けることの難しさを表現するならば、副詞が必要だ。実際に副詞が必要なのは、「つかむ」と「開かない」の2つ。

「つかむ」に付け足す副詞は、「力いっぱい」。

「開かない」には、「全く」。

このように、物事を正確に表すには、副詞が欠かせないのである。

副詞も加えて表現すると、

「太郎さんがビンのふたを力いっぱいつかんで回そうとしているが、ふたが全く開かない」

となる。

背景とともに、副詞も入れることで、状態がしっかり相手に伝わることを忘れないでほしい。

絵解き

75

不具合：点かない

（背景を加えて表現する）

かつて、パソコンが普及し始めのころ、よくあった問い合わせだが、これはどのように表現すればよいだろうか。

「パソコンの画面が点かない」

パソコンの画面の状態だけを表現するのであればよいかもしれないが、これでは相手に状況は伝わらない。周りの状況や行為も含めて表現しなければならない。

この絵の場合、

「電源プラグはコンセントに差し込まれている」
「パソコンの電源ボタンは押した」

という状況のなかで、パソコンの画面が点かないのだ。

であるならば、

「電源プラグはコンセントに差し込まれていて、電源ボタンを押したにもかかわらず、パソコンの画面が点かない」

と表現すべきだ。

考えられる対策はいろいろ行ったが、うまくいかない場合には、周囲の状況、やった行為あるいはやろうとしている行為など、背景を付け加えることを忘れないようにしよう。

絵解き

76

不具合：遅れ

（計画と結果のズレを具体的に表現する）

次のようなケースでは、何をどのように表現すればよいだろうか。

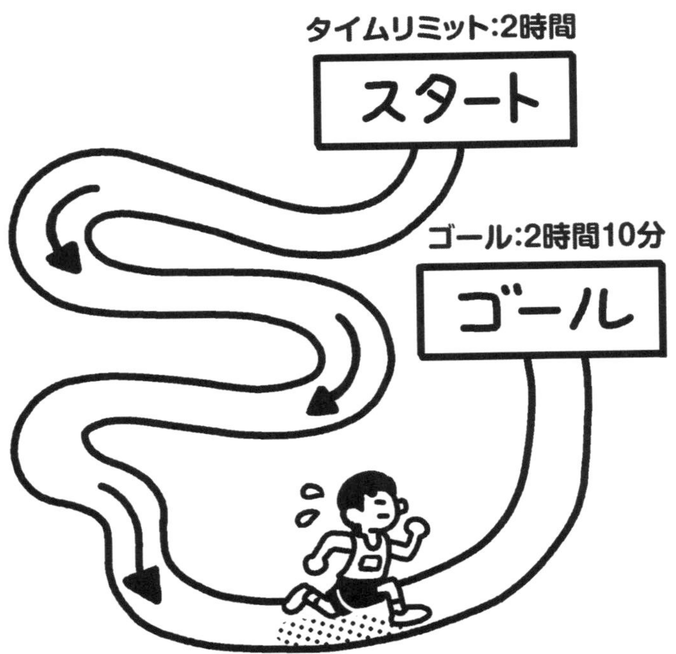

「タイムリミットに間に合わなかった」

間に合わなかったことはわかるが、これではどのくらい間に合わなかったのか不明だ。タイムリミットは2時間。ゴールしたのは、2時間10分後。

このことから、

「タイムリミットの2時間に対して、ゴールするまでにかかったのは2時間10分だった」

となる。

10分長く時間がかかったことを強調するのであれば、

「2時間のタイムリミットに対し、10分長く時間がかかった」

あるいは、

「タイムリミット2時間のところ、10分長い、2時間10分でゴールした」

としてもよい。

時間を表現する場合、計画した時間と実際の時間それぞれを表現に加えることで、相手には的確にイメージが伝わるだろう。

5

不一致を伝える

「数字が合わない」「間違いがある」などの不一致が生じている状態を正しく伝えることはできるだろうか。以下の絵を見て、その状況を言葉だけで相手に伝えるとするなら、どのような表現になるか考えてみよう。

絵 解 き

77

組み合わせの不一致

（単語ではなく、文で表現する）

次は、Ａ部品をＡに、Ｂ部品をＢに取り付けるのが正常である。上下の絵のうち、下の絵の状態を相手に伝えるには、どのように表現すればよいだろうか。

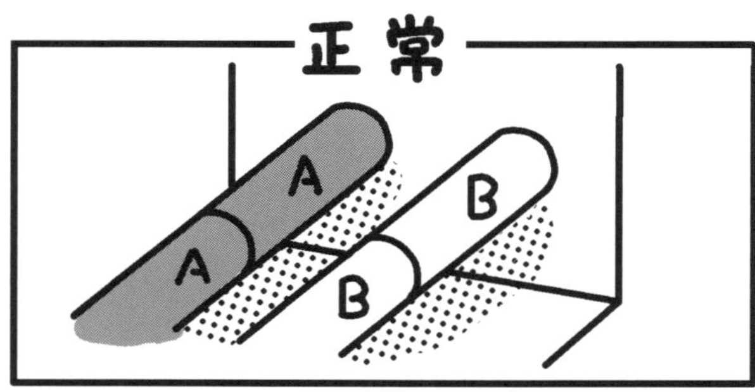

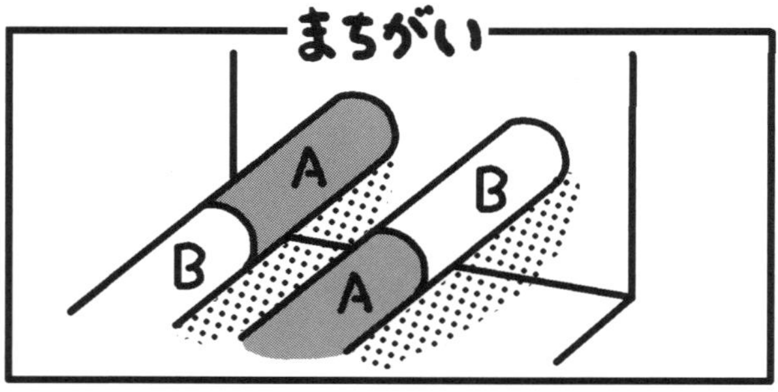

「部品の取り付け間違い」

こうした名詞や体言止めで表現する人が少なくない。この表現だと、どのような取り付けの間違いがあったか、相手には正確に伝わらない。さらに、違うものを取り付けた瞬間を表現しているのか、それとも違うものが取り付けられているのを見つけたときのことを表現しているのか、つまり、どの時点を捉えているのかがはっきりしない。

絵のように、取り付け位置が互い違いになっている状態を発見した場合は、

「取り付けられていた」

を使う。

もし、互い違いに取り付けた瞬間を表現するならば、

「取り付けられた」

になる。

互い違いという表現をもっと具体的にして表現すると、

「A部品とB部品の取り付け位置が互い違いになっていた」

となる。

相手に正確に伝えるには、単語ではなく文で表現するとともに、どの時点を表現するのかによって表現を変えなければならない。

絵解き

78

金額の不一致
(違いを正確に表現する)

次は、金額が合わない状態。絵のような状況をどのように説明すればよいだろうか。

「お金が足りない」

これでは、不合格。もし、子供が親にこう伝えたとしても、親には理解できない。親が理解できるよう、今の状況をもっと具体的に表現しなければならない。

絵から読み取れることを書き出すと、

「手元にあるのは290円」

「300円のお菓子を買うには、あと10円足りない」

となる。

これをもとに表現すると、

「手元には290円あるが、300円のお菓子を買うにはあと10円足りない」

となる。

相手に伝わるように状況を表現するには、一番伝えたいことだけでなく、状況の中から相手に伝えたい情報を一つひとつ正確に抜き出す必要がある。そして、情報を抜き出したら、相手がわかりやすい文になるように組み合わせるのだ。

絵解き

79

文字の不一致
(違いを正確に表現する①)

次の絵はどうだろうか。

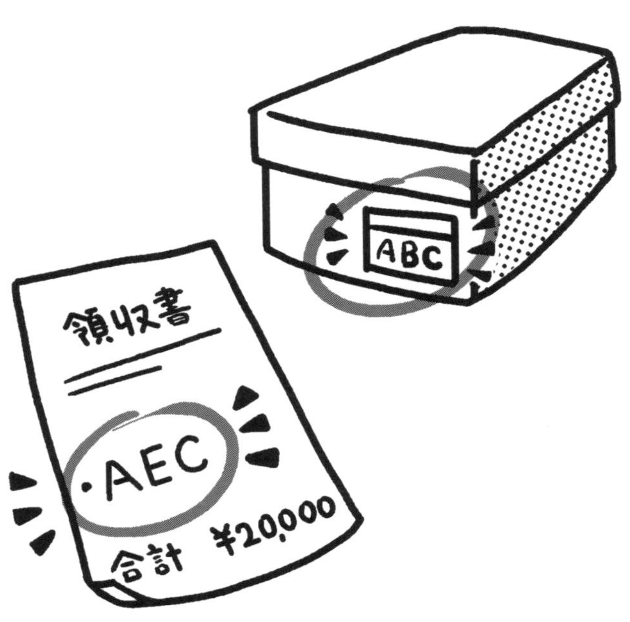

「領収書が間違っている」

こう表現する人が少なくない。同じような経験をした読者もいるはずだ。でも、これでは合格点はもらえない。

買った商品に誤りがなければ、領収書の方に誤りがあるのだが、もう少し具体的に表現したい。

この場合、

・何に対して何が

⇓　買った商品に対して、領収書に印字されている商品が

・どのように違うのか

⇓　商品ＡＢＣではなく、商品ＡＥＣになっている

をしっかり表現する。

文章にすると、

「買ったのは商品ＡＢＣなのに、領収書には商品ＡＥＣが印字されている」

になる。

「〜が間違っている」といった雑な表現では、相手に伝わらないことを肝に銘じてほしい。

絵解き

80

文字の不一致
(違いを正確に表現する②)

次の文字の誤りを相手に伝える場合、どのように表現したらよいだろうか。

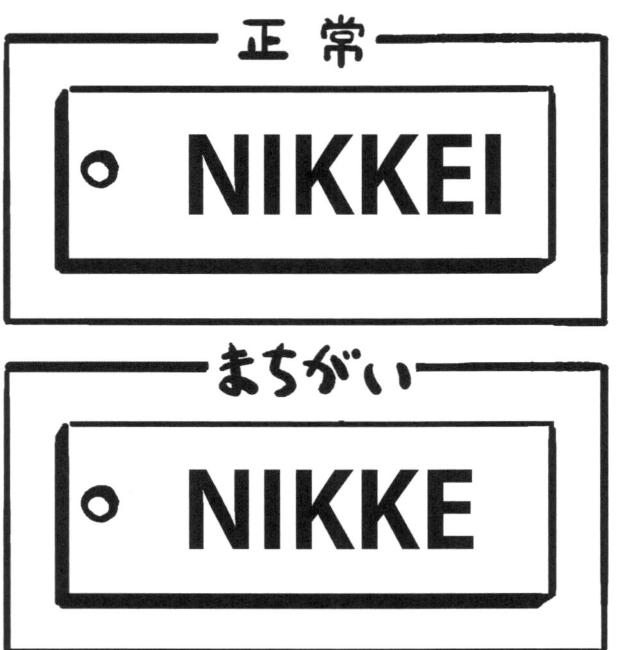

「文字に誤りがある」

右の絵を見て、こう表現する人がいる。これでは、大雑把すぎて相手に伝わらない。

だからといって、

「Iが抜けている」

これだと、Nの後のIが抜けているのか、それとも最後のIが抜けているのかはっきりしない。

この場合、正しい状態がどうあるべきかを伝える必要がある。

「正しい状態は『NIKKEI』である」

「最後の『I』が抜けている」

ということから、

「正しくは『NIKKEI』のところが、最後の『I』が抜けて、『NIKKE』になっている」

としたい。

比較対象を表現に入れて、比較対象とどのように違うのか表現することが重要だ。

絵解き

81

大きさの不一致

（違いを正確に表現する）

次は、それぞれの人の前にケーキが置かれているが、人の大きさとケーキの大きさのつり合いが取れていない。この状態を文で伝えるとするなら、どのような文になるだろうか。

「人とケーキのバランスが悪い」

「人とケーキが合っていない」

日ごろ雑な表現をしている人は、こういった表現をよくする。当然、これでは、しっかり伝わらない。不合格だ。

もう少し丁寧に表現するためには、まず次の3つを見る必要がある。

「人が3人、テーブルに左から背の高い順に並んでいる」

「テーブルの上には、3人それぞれの前にケーキが置かれている」

「3人の前に置かれたケーキは、背の高さとは逆に、左から小さい順に並んでいる」

この3つを入れて表現すると、

「人が3人、左から背の高い順に並んでいるが、それぞれの前に置かれたケーキは背の高さとは逆で、左から小さい順に並んでいる」

となる。

ここで伝えなければならないのは、背の高さの並びとケーキの大きさの並びが逆であるということである。つまり、この絵のキーポイントは、人とモノの順番が逆だということ。相手に伝わるよう、キーワードを入れて表現しなければならない。

絵解き

82

数字の不一致
（臆測を入れずに表現する）

次の絵で、間違いを相手に伝えるには、どのような表現をすればよいだろうか。

「領収書が間違っている」

こう思いたい気持ちはわかるが、これは領収書の金額に誤りがあるという主観が入った表現だ。もしかしたら、領収書の金額が正しくて、商品棚に掲げられた金額の方が誤っているかもしれない。

目の前の状態をそのまま相手に伝えるのであれば、主観を入れずに、

「領収書の商品Aの金額と商品棚に掲げられている商品Aの価格が違っている（異なっている）」

とする。

より具体的に表現するならば、

「領収書の商品Aの金額は1600円だが、商品棚に掲げられている商品Aの価格は1600円になっている」

になる。

どちらに誤りがあるかはっきりしている場合は、それを誤りとして表現すればよいが、どちらが正しいかはっきりしない場合には、違いをそのまま表現すればよい。

絵解き

83

組み合わせの不一致

(臆測を入れずに表現する)

次の絵は、どのように表現できるだろうか。

「（図が）間違っている」

あるいは、

「実物が間違っている」

つい、私たちは先入観でモノを見てしまう。

現時点では間違いだとは言い切れないのだ。もしかすると、図には「C」と書かれているが、何かの理由で「C」を「F」に変えたのかもしれないからだ。

それだけでなく、表現が雑だ。当然、これでは全く伝わらない。

見たままを表現するのであれば、図と実物の違いだけをそのまま表現すればよい。

「図に書かれている『C』が、実物では『F』になっている」

となる。

ただし、図に誤りはなく、実物に誤りがあるとはっきり言える場合には、

「『C』ではなく、誤って『F』が取り付けられている」

となる。

違いを表現するときには、決して先入観でモノを見てはならない。

絵解き

84

文字の不一致

（臆測を入れずに表現する）

あなたの名前が山田一郎だったとする。

あなたに届いた手紙に、絵に描かれた書類が入っていた。

あなたは相手に書類を見せずに、この状態を言葉だけで説明するならば、どのように表現するだろうか。

「名前が間違っている」

多くの人がついこう表現してしまう。でも、これでは不合格。あいまいであること以外に、別の問題がある。

「間違い」というのは、違っているとか、異なっているという状態を指すだけでなく、正しくないという思いも含まれる言葉だ。だから、「間違い」には、あなたの主観が入ってしまうことにも注意しなければならない。

もしかすると、宛名の間違いではなく、ほかに「山口一郎」さんがいて、その人に配布されるものが、たまたま「山田一郎」さんへ配布されたのかもしれないからだ。

状態を見たまま表現するのであれば、主観が入らない言葉を選んで表現しなければならない。

この主題の絵の場合は、「間違い」ではなく、「違い」「異なる」を使うのがよい。よって、違う個所と、違いの内容がはっきりする表現で、

「私に届いた書類の宛名が、私の名前の山田一郎ではなく、山口一郎になっている」

とする。

絵解き

モノの不一致

（焦点を当てている部分にあるモノで表現する）

次の絵の、丸で囲んだ部分はどのように表現できるだろうか。

「Aの積み忘れ」

こんな表現をよく耳にするが、これは不合格。

そもそも「忘れ」というのは、人の行為に関わる表現だ。しかし、丸で囲まれた部分は、人ではない。丸で囲まれているのは、トラックと荷物だ。

したがって、

「トラックに積み込まれた荷物の中に、Aはなかった」

あるいは、

「Aがトラックに積まれていなかった」

になる。

焦点を当てている部分を表現する場合、まず焦点を当てている部分（丸で囲まれた部分）には何があるのかを見極める。そして、焦点の中にあるものを踏まえて表現しなければならない。

焦点を当てている部分というのは、焦点を当てている時点とも言える。焦点を当てている時点を表現する場合でも、その時点にあるモノをもとに表現することになる。

絵解き

86

組み合わせの不一致

(全体から個へ。漏れなく表現する)

次の絵では、どのようになるだろうか。

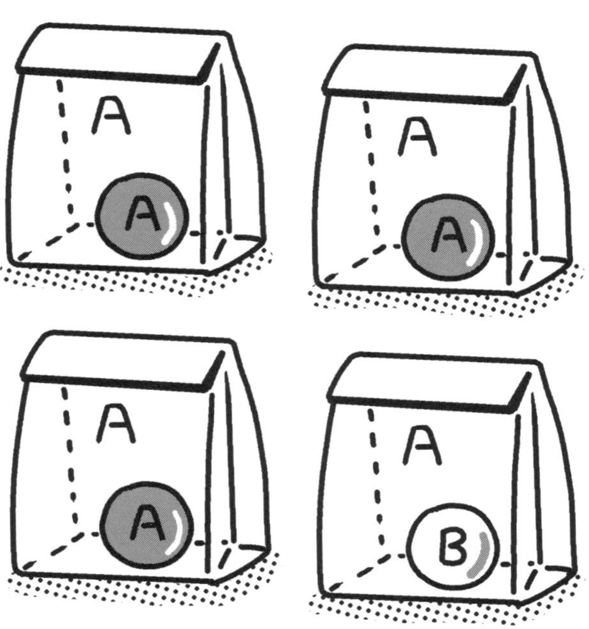

「商品が間違っている」

何がどのようになっているのか、全くわからない。よって不合格。

絵からわかることは、

「紙袋が４つあり、どの紙袋にもＡと記載されている」

「それぞれの紙袋の中に同じ大きさの丸い商品が１つ入っている」

「３つの紙袋には商品Ａが入っているが、１つの紙袋だけは商品Ｂが入っている」

になる。

このことを相手に伝わるよう表現すると、

「Ａと記載されている４つの紙袋のうち、１袋だけ商品Ａではなく商品Ｂが入っている」

となる。

正確に相手に伝えるならば、映画の撮影でよく見られるように、最初は全体を捉えて、次に被写体をズームしていく感覚で、全体を表現してから個を表現する。こうすることで漏れなく表現できる。

6

間違いを伝える

間違っている状態を伝えるのも、意外と難しい。
以下の絵を見て、言葉だけで相手に伝えるとするなら、
どのような表現になるか考えてみよう。

絵解き

87

間違い

（誤った「動作」なのか、動作の「原因」なのか）

次の絵で、三郎さんの間違いをどのように表現するか。

「三郎さんは押し間違えた」

多くの人は、誤った動作を、「入れ間違い」「押し間違い」などと表現する。一方、誤った動作の原因でも、「見間違い」「聞き間違い」「勘違い」「うっかり間違い」などと表現する。どちらも「○○間違い」といった表現になっていて、誤った動作を指すのか、動作の原因を指すのか、すぐには判断しづらい。さらには、「見間違い」と同じ意味で、「見誤った」という表現もある。

誤った動作を指すのか、あるいは誤った動作の原因（間違いの種類）を指すのか、実際には明確に区別されていないのだ。

そこで、誤った動作と誤った動作の原因のどちらを言いたいのか、意識的に区別して表現すると、相手に伝わりやすい。

誤った動作を表現する場合は、「入れ間違い」「押し間違い」ではなく、

「太郎さんは、誤って、○ではなく、×に入れた」

「太郎さんは、誤って、□ではなく、△を押した」

とし、「間違い」という言葉を使わない。

一方、誤った動作の原因を表現する場合は、「○○間違い」という言葉を使って、

「一郎さんは、0（ゼロ）を0（オー）と見間違えた」

「次郎さんは、D（ディー）をE（イー）と聞き間違えた」

「五郎さんは、いつものやり方と同じだと勘違いした」

とする。

こうすることで、誤った動作を言いたいのか、それとも誤った動作の原因を言いたいのかを、はっきりさせる。

もし、起きてしまった問題を相手に伝えなければならないときには、誤った動作とその原因のどちらを伝えようとしているのかを意識して区別するとよい。

ここで、絵解き87の絵に戻ろう。絵を見て、誤った動作だけを伝えるのであれば、

「三郎さんは、誤って、Aではなく、Bを押した」

になる。

ただ、絵に描かれているように、Aを押そうと頭ではわかっていたのにBを押してしまったのであれば、これは「うっかり間違い」になる。誤った動作の原因を相手に伝えるのであれば、「うっかり」という間違いの表現を使い、

「（頭ではわかっているが）うっかりAではなく、Bを押した」

となる。

間違いを表現するときには、誤った動作を表現するのか、誤った動作の原因を表現するのか、しっかり区別していこう。

ところで、

「記入ミスがあった」

という表現に心当たりはないだろうか。

実は、この表現、記入時の誤った動作を示しているのか、それとも記入ミスが発見されたことを示しているのか、はっきりしない。

誤って記入してしまったという動作を表現するのであれば、

「太郎さんは、誤って、1ではなく2を記入した」

になる。

一方、誤って記入されたものが発見されたときの状態を表現するのであれば、

「伝票に、1ではなく、2が誤って記入されていた」

になる。

こうした表現の違いも、併せて覚えておくとよい。

絵解き

88

間違い

（間違いの種類を的確に表現する）

次の絵で、壁に貼り出された四ケタの数字は正しいとする。太郎さんが壁の数字を見たときの誤りを表現しなさい。

「太郎さんは間違えた」

あまりにも雑な表現。これでは不合格。太郎さんはどのような誤りをしてしまったのか、しっかり表現する。

太郎さんは、壁に貼り出された四ケタ番号の「1672」を見て、「1872」と受け取った。「1672」が正しいのであれば、太郎さんは「6」を「8」と見間違えていることになる。

よって、

「太郎さんは壁に貼り出された四ケタ番号を見て、『1672』を『1872』と見間違えた（見誤った）」

となる。

人の間違いには、「見間違い」「聞き間違い」「勘違い」のほか、何も考えないまま隣のスイッチにうっかり触れてしまうような「うっかり（間違い）」がある。

本書では、これらを「間違いの種類」という。

どんな「間違い」を引き起こしたのか、はっきり表現することが大事なのである。

絵解き

89

間違い

(誤った「動作」なのか、「判断」の間違いなのか①)

次の絵から、一郎さんの誤りを表現するとどうなるだろうか。Aの箱にはビンAを入れなければならないものとして考えてみよう。

「一郎さんは間違えている」

一言で言えばそうなのだが、この表現では、誤った動作を指しているのか、判断を間違えているのか、さっぱりわからない。また、動作、判断のどちらにしても、中身がはっきりしない。

動作を表現するのであれば、

「一郎さんは、ビンAを入れるところを、誤って同じサイズのビンBを入れようとしている」

になる。

判断を表現するのであれば、

「ビンAの箱にもかかわらず、一郎さんはビンBの箱と勘違いしている」

あるいは、

「一郎さんは、手に持っているのがビンBなのに、ビンAを持っていると思っている」

といった表現になる。

誤りを表現するときに注意しなければならないのは、誤った動作を表現したいのか、判断の間違いを表現したいのか、はっきりさせることだ。

絵解き

90

間違い

(誤った「動作」なのか、「判断」の間違いなのか②)

動作なのか、判断なのか。次の絵はどうだろうか。

「太郎さんは間違えている」

たしかに、太郎さんは一郎さんのリクエストには応えていないが、この表現では動作を表しているのか、判断を表しているのかは不明だ。

動作を表現するならば、

「一郎さんに書類Aをほしいと頼まれたにもかかわらず、太郎さんは書類Bを手渡した」

となる。

判断であれば、

「太郎さんが一郎さんに手渡したのは書類Bなのに、太郎さんは書類Aを手渡したと思っている」

あるいは、

「太郎さんが一郎さんに手渡したのは書類Bなのに、太郎さんは書類Bを手渡したことに気づいていない」

となる。

動作と判断、どちらを伝えたいのかはっきりさせてから表現を考えることが大切だ。

絵解き

91

間違い
（聞き間違い）

次の絵では、一郎さんは正しく伝えているが、太郎さんはそれを誤って受け取っている。このことを言葉で表現してみよう。

「太郎さんは間違えている」

どうしても「間違えている」と表現したくなるのだが、もちろんこれでは不合格。一郎さんが正しいことを言っているとするならば、太郎さんはどのような誤りをしてしまったのかをはっきりさせなければならない。

この絵では、一郎さんの「エー・ビー・イチ・ニ」を、太郎さんは「エー・イー・ハチ・ニ」と受け取っている。つまり、今回は「聞き間違い」だ。

よって、

「一郎さんが言った『ABI2』を、太郎さんは『AE82』と聞き間違えた」

となる。

聞き間違いには、「ビー(B)」と「イー(E)」、「イチ(1)」と「ハチ(8)」、といった単純なものから、電話口で「オグラ」と言ったのに、相手には「オガワ」と聞こえてしまうといった、様々なものがある。きっと、あなたも今までに何らかの聞き間違いを経験しているはずだ。

絵解き

92

間違い

（勘違い①）

勘違いというのはよくあることだ。次の絵を表現してみるとどうなるか。

「日にちを間違えている」

まずは、基本的なことだが、主語がない。また、日にちをどう間違えているのかわからない。よって、不合格。

まずは、主語を入れると、

「太郎さんは日にちを間違えている」

ただ、これだけではダメ。「間違い」という表現でひとくくりにするのではなく、どのような誤りなのかを適切に表現することが大事だ。

絵からわかることは左の2つ。

「今日は10日」

「太郎さんは今日は9日だと思った」

これらを組み合わせて表現すると、

「今日は10日であるにもかかわらず、太郎さんは9日だと思っている」

になる。

ここで「思っている」という部分を別の表現にすると、

「今日は10日であるにもかかわらず、太郎さんは9日だと勘違いしている」

と表現できる。

絵解き

93

間違い

（勘違い②）

次の絵から、お父さんの間違いを表現してみよう。

「お父さんは間違えている」

しつこいようだが、この一言では、どのような間違いをしてしまったのか不明だ。

具体的に表現すると、

「子供は犬の絵を描いたのに、その絵を見て、お父さんは熊だと思った」

になる。

今回は、間違いは間違いでも判断の間違い、すなわち勘違いだ。

だから、

「子供の描いた犬の絵を見て、お父さんは熊の絵だと勘違いした」

となる。

勘違いと一言で言っても、実際は様々だ。今回のケースだけでなく、言葉の意味を取り違えるのも判断の間違い、すなわち勘違いだ。「オーケー」と言ったのを「置け」と勘違いしてしまうとか、「電源を切れ」と言われて、本当は電源を「落とす」の意味だったのに配線を切ればよいと勘違いしてしまうといったことがある。

表現するときに大事なことは、どのような間違いをしてしまったのかとともに、間違いの種類をしっかり表現することである。

7

依頼する

人に何かをお願いするときも、どうしてほしいのかがきちんと伝わらないと、お互いに不幸な結果になりがちだ。以下のようなケースでは、どのように表現すればよいだろうか。

絵解き

94

依頼

(行為を的確に伝える)

次の絵のようなシーンで、魚を冷凍保存にしたいとき、あなたなら、どんな言葉で依頼をするだろうか。

「これ。冷蔵庫にしまっておいて」

魚を冷凍室に入れるのか、それとも冷蔵の方に入れるのかはっきりしない。果たして、これで子供は魚を冷蔵庫の的確な位置に入れてくれるだろうか。

この場合は、

「この魚を冷蔵庫の冷凍室に入れておいて」

となり、例えば冷凍室は冷蔵庫の一番下の段だとして、相手がそのことを知らない場合は、

「この魚を、冷蔵庫の一番下の冷凍室に入れておいて」

となる。

こちらが頼んだことを相手が間違えずに実施できるかどうかは、依頼したときの表現の良し悪しによる。やってほしい「行為」を的確に伝えるためには、「行為」を頭でイメージして、そのイメージに出てくるモノを具体的に表現する。

ここでいう「行為」とは、「見る（聞く）」「判断する」「動く」の一連のつながりを指す。依頼するときに大事なのは、「行為」の中でも「見る（聞く）」だ。「見る（聞く）」段階で間違えると、大きな間違いにつながりやすい。

相手が「見る（聞く）」ところについては、特に慎重に表現しなければならない。

絵解き

95

依頼
（あいまいな表現を避ける）

相手との距離が10メートル以上は離れている場合に何かを依頼するときにも、いろいろ気をつけなければならない。次の絵のシーンで、あなたならならどう表現するだろうか。

「このロープ、引っ張って」

相手にモノが見える状態で言うのであればまだしも、遠く離れた位置から叫んでも相手からはロープの模様がよく見えない。相手は、どのロープを引っ張ればよいかわからない。たとえ、ロープを手に取って、これだとわかってもらおうと強く引っ張っても、ロープが絡んでいたら複数のロープが動いてしまい、ますますどれだかわからなくなる。

前述のように、やってもらいたい「行為」の最初の段階は、「見る」だ。ロープの「状態」を見たときに、どのロープを見ればよいか具体的に表現する。

ロープごとに色や模様がついているのであれば、それらをもとに表現すると、

「4本のロープのうち、真黒のロープを引っ張って」

となる。

ただし、右の表現は黒一色のロープが1本しかない場合に限ったものだ。

モノや書類、あるいはデータに関係することを依頼する場合には、相手が見たときの状態を頭に入れ、どれを見るのか、できるだけあいまいな表現は避ける必要がある。

絵解き

96

依頼
（こちらの意図を伝える）

　次のようなシーンでは、どんなことに気をつければよいだろうか。

「降ろして」

果たして、これでこちらの意図が伝わるだろうか。こちら側は、荷物をゆっくり降ろしてもらいたいと思っていても、相手はともかく降ろせばよいと思い、スルスルッと早いスピードで降ろしてしまうかもしれない。

最後の結果だけを伝えるのではなく、相手の「見る（聞く）」「判断する」「動く」の一連の行為をイメージしながら表現する。

だからといって、「ゆっくり降ろして」もあいまいだ。「ゆっくり」という言葉が入ることで、多少マシにはなったが、「ゆっくり」という表現は人によって解釈がばらつく。

できれば、もっと具体的に、

「合図に合わせて、10センチずつ降ろして」

としたい。

こうすれば、荷物を傷めずに、確実に少しずつ降ろすことができる。

絵解き

97

依頼
（相手の注意を呼びかける）

相手に注意を呼びかけることも、ある意味「依頼」だ。以下のケースも前述と同じように考えることができる。

今、崖の上の手すりに「キケン」という看板がかかっている。この表現を、何がどう危険なのか、看板を見た人に伝わるように直したい。さて、どうすればよいか。

「崖の上、キケン」

これでは、何がどうキケンなのか、さっぱりわからない。また、崖を知らない人には伝わらない。

相手に伝えるときに大事なことは、最悪の結果を正確に予測させることだ。

最悪どうなるのか。この場合は、崖から落ちて死ぬ。この最悪の結果が相手に伝わるよう、崖の高さを加えて、

「崖の下まで30メートル。落ちたら即死」

と表現する。

時々、**「手すりに寄りかかるな」**などと注意喚起している看板を見かけるが、これも右と同様で、

「寄りかかると、手すりが根元から倒れて大ケガをすることあり」

といった表現にする。

8

順序を伝える

家電製品やゲームの説明書を見ていて、何から始めればよいのか、その後、どうすればよいのかがわかりにくい思いをしたことはないだろうか。まさに表現の問題だ。そこで、ここでは順序に着目し、絵を使わずに言葉だけで相手に伝えるとするなら、どのような表現になるか考えてみよう。

絵解き

98

順序

（動作順にわかりやすく表現する①）

機械の前面に４つのボタンスイッチがある。これをどうすればいいのか、絵に従って説明できるだろうか。

「4つのボタンスイッチを右回りに押す」

これで、果たして相手に伝わる表現になっているだろうか。受け取った相手は、きっとどこからスタートするのかわからないため、適当なところからスイッチを押し始めるだろう。相手にすぐに理解してもらうためには、ボタンスイッチを押していく動作の順序で表現するとよい。

まず相手に伝えることを書き出すと、次の3つになる。

「機械の前面に4つのボタンスイッチがある」
「左下のボタンスイッチから押し始める」
「右回りの順番で押していく」

この3つを組み合わせて表現すると、

「機械の前面についている4つのボタンスイッチのうち、左下のボタンスイッチから押し始め、右回りの順番で押していく」

となる。

右の表現で、「右回り」を「時計回り」に変えてもよい。

大事なのは、スタート地点をはっきりさせて、動作順に則って、表現することだ。

絵解き

99

順序

(動作順にわかりやすく表現する②)

次の絵は、ドライバーを使ってネジを締め付ける様子を描いたものだ。ドライバーを使ったことのない人に、このやり方をどのように説明したらよいだろうか。

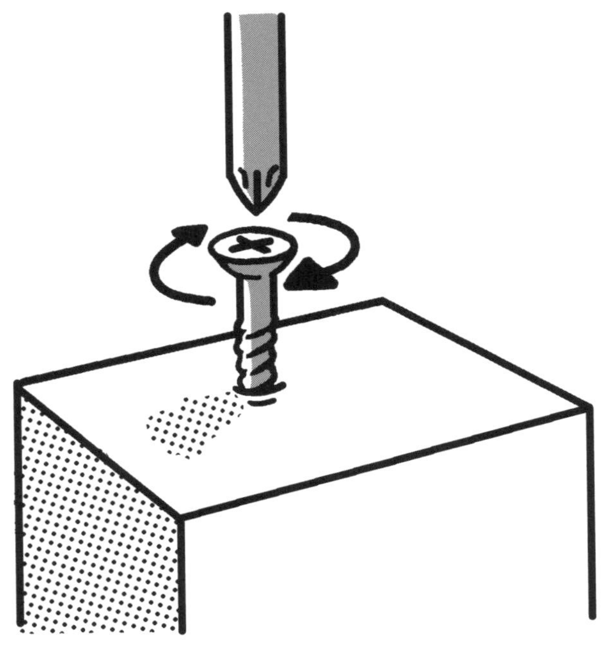

「ドライバーを回して、ネジを締め付ける」

相手がドライバーを初めて使う人だったら、果たしてこれで伝わるだろうか。ネジのどこにドライバーのどこを当てて、どの方向に回すのか、わからない。

ドライバーを使ってネジを締め付ける順序を書き出すと、

①ネジの「＋」にドライバーの先端の「＋」を合わせる
②ネジとドライバーを一直線にする
③ドライバーを下に押し付けながら、右回り（時計回り）に回す

となる。

右のように、順を追って一つひとつ説明するのもありだが、一言で説明するのであれば、

「ネジの『＋』にドライバーの先端の『＋』を合わせ、ネジとドライバーを一直線にしたうえで、ドライバーを下に押し付けながら、右回り（時計回り）に回す」

となる。

自分には当たり前のことほど他人に伝えるのは難しいのだ。初めての人に説明するのであれば、省略することなく、一つひとつ順を追って表現することが欠かせない。

絵解き

100

順序

(全体を説明してから順序の説明に入る)

少し変わった出題だ。以下の図を見てクイズの問題文を考えてほしい。

「爆弾を避けて、入口から出口まで行くには、どのように行けばよいか」

これでもよさそうだが、少し雑な表現だ。できるだけ動作の順序を踏まえて、丁寧に表現したい。そのためには、次の４つのポイントを押さえることだ。

「入口から始める」
「通路のところどころに爆弾が置かれている」
「爆弾が置かれている箇所は通ってはいけない」
「出口に出る」

これらから、次のように表現ができる。

「入口から入って、爆弾の置かれた通路は避けて、出口までどのように行けばよいか」

これとは別に、次のように、最初に全体を説明してから、順序を踏まえて表現するやり方もある。

「通路のいたるところに置かれた爆弾を避けて、入口から出口まではどのように行けばよいか」

一つひとつ順序に沿ってやることを説明するか、あるいは全体を説明してからやることを説明するか、どちらかを選んで表現するのである。

絵解き

101

順序

(一つひとつ順序を追うように説明してもよい)

絵のように川を渡ることを、一緒に川を眺めている友人に説明しなければならない。どのように説明したらよいか。

「石を跳びながら、向こう岸まで行く」

これでも相手は理解できるかもしれないが、これだと石を一個飛ばして渡ろうとする人もなかにはでてくるだろう。もう少し丁寧な説明がほしい。そこで、一つひとつの要素を書き出すと、次の3つが浮かぶだろう。

「こちらの岸から向こう岸までの間に全部で4つの石が川の水面上に出ている」
「手前から順に跳んでいく」
「向こう岸へ渡る」

次に、これらを組み合わせて表現するわけだが、最初に全体を説明してから、これからやろうとしていることを説明すると、次のようになる。

「こちらの岸から向こう岸までの間にある全部で4つの石の上を、順番に跳びながら向こう岸へ渡る」

あるいは、一つひとつ順序を追うように表現すると、

「こちらの岸から手前の石の上を1つずつ跳びながら、全部で4つの石の上を跳んで向こう岸へ渡る」

となる。

伝えるということでは、どちらのやり方でも、あなたが説明しやすい方で構わない。

絵 解 き

102

順序

（動作順にわかりやすく表現する③）

次は部品を組み立てるときの1コマを絵にしたものだ。AにBを差し込むやり方の説明文を書く場合、どのようになるだろうか。なお、相手の手元にはAとBの実物があるとする。

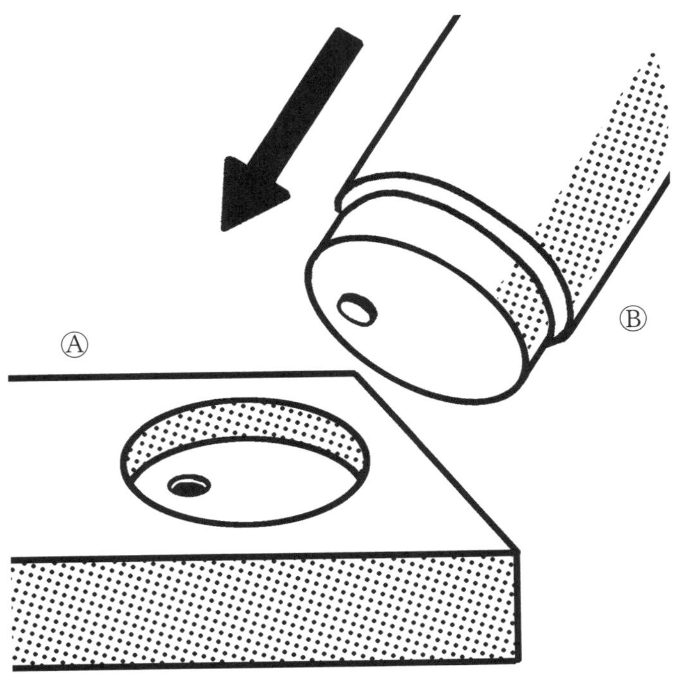

最も単純なのは、

「AにBを入れる」

だが、かなり雑な表現で、これでは当然、不合格。

どのようにするか、そのポイントを順に見ていくと、

「Aの大穴の中に小穴がある」

「Bの先端に小さな突起部がある」

「小穴と小さな突起部の位置を合わせる」

「小穴と小さな突起部の位置を合わせたまま、BをAに差し込む」

となる。そして、これらの表現を組み合わせると、

「Aの大穴にある小穴とBの先端にある小さな突起部の位置を合わせて、BをAに差し込む」

となる。

説明するときの基本も「依頼」と同じように、主なことだけを表現するのではなく、「見る（聞く）」「判断する」「動く」といった動作の順序をもとに丁寧に表現するのだ。

絵解き

103

順序

（仮の番号をつけて、順序をわかりやすく説明する）

6個のボタンスイッチが縦に均等に並んでいる。ボタンスイッチを矢印の順に押していくのだが、現物を手元に持った相手に対してどのように説明したらよいか。

「ボタンスイッチを1個飛ばしで押していく」

これでは、何かが足りない。

1個ずつ飛ばしながらスイッチを押していくことはわかるが、どこからスタートするのかがわからないのだ。最初に押すボタンスイッチを表現に加えたい。そこで、

「最初に一番下のボタンスイッチを押し、次からはボタンスイッチを1個飛ばしながら押す」

と表現する。

ただこれで合格ではない。「1個飛ばし」という言葉がよくわからないという人が出てくることが予想されるからだ。では、どうするか。

仮に、ボタンスイッチに番号をつけて、その番号で表現するのもありだ。

「ボタンスイッチに仮に番号をつけると、下から1、2、3、4、5となる。押す順番は1、3、5である」

誰にでもわかりやすい仮の番号をつけて、その番号で表現すると、相手が理解しやすくなる。

おわりに

さて、次の2つの文の違いをきちんと説明できるだろうか。

「スイッチを入れていない」

「スイッチが入っていない」

「スイッチを入れていない」は、人の「行為」を指した表現で、「スイッチが入っていない」は、「状態」を指した表現になる。

細かいことを言うと「スイッチを入れていない」は人の行為を指すことから、正しくは、人を主体に置いた主語を加えなければならない。例えば「太郎さんがスイッチを入れなかった」というように、だ。

本来「状態」を伝えなければならないときに、「スイッチを入れなかった」と、人の「行為」で伝えてしまう人が少なくない。これではまるで、太郎さんが悪いのだとでも言いたげだ。

日本人はよく主語を省いて、会話をしたり文章を書いたりする。このことが、「状態」と人の「行為」の区別をあいまいにしてしまう。

ＡＩ（人工知能）の進展とともに、ますます人の考える力が試される時代に入っていく。しっかりとした考えを持つためには、まずは自身の表現のいい加減さに気づき、日ごろからいい加減な表現をできる限りなくしていく心構えが求められる。そうすることで、情報を受け取った人が誤った考えに陥らないようになるとともに、自身も誤った考えをしないようになる。

仕事をするうえで、情報の伝達は欠かせない。情報をやりとりしながら仕事を進めていく。情報のやりとりで、一番大切なことは、相手に間違いなく伝えること。

仕事をする場の状況説明や、やってもらいたいこと、注意すること、やったこととともにやった結果などを的確に相手に伝えなければならない。疑問点を質問したり、それに答えたりするときも同様だ。

人とコミュニケーションするために言葉は必要であり、本来国語の授業は、相手に間違いなく伝わるように、自分も誤った考えをしないように表現することを目的として行われなければならない。

ただ、現在の国語の授業では、文法や表現の作法、日本文学・日本文化の理解といったことに時間が割かれており、相手に的確に伝えるための表現のあり方について学ぶ時間が乏しいのが実態だという。学者目線ではなく、社会人目線で国語のあり方を考えていくことが必要だと、筆者は考える。

そこで、読者が言葉の本来の目的に立ち返って、自身の表現を見直すことで、コミュニケーション上の過ちが少しでもなくなればと思い、本書をまとめた。

最後に、筆者の考えにご賛同いただいてから長い年月が経ったにもかかわらず、構想が固まるのをお待ちいただき、編集でも大変お世話になった日本経済新聞出版の網野一憲様、編集をお手伝いいただきました永野裕章様には、この場を借りて感謝の意を表します。

２０２３年11月

小倉 仁志

著者略歴

小倉仁志（おぐら・ひとし）

マネジメント・ダイナミクス社長。
1962年生まれ。東京工業大学工学部卒。外資系化学企業などを経て、2005年、独立し（有）マネジメント・ダイナミクスを設立。独自に考案した「なぜなぜ分析10則」に基づき、国内外で研修・セミナーを実施。『問題解決力がみるみる身につく　実践なぜなぜ分析』、『現場力がみるみる上がる　実践なぜなぜ分析』（いずれも日経ビジネス人文庫）、『現場で使える問題解決・業務改善の基本』（日本実業出版社）ほか著書多数。

「秒」で伝える

「観察力×表現力」を鍛える100のレッスン

2023年11月17日　1版1刷

著　者　小倉仁志

発行者　國分正哉
発　行　株式会社日経BP
日本経済新聞出版
発　売　株式会社日経BPマーケティング
〒105-8308　東京都港区虎ノ門4-3-12
装　幀　山之口正和（OKIKATA）
イラスト　柏原昇店
DTP　朝日メディアインターナショナル
印刷・製本　中央精版印刷

Printed in Japan　ISBN978-4-296-11819-9

本書籍に関するお問い合わせ、ご連絡は下記にて承ります。
https://nkbp.jp/booksQA